LA CARA OCULTA DE LA GUERRA DE V GENERACIÓN

RAUL OJEDA

¡EL MUNDO ARDE EN LLAMAS!

© *Raúl Ojeda, primera edición Junio 2017*
ISBN-13: 9781520878386
Código de Editor Internacional: A3CRW5DWBRD7GK
Editorial: Independently Published
Título Original: La Cara Oculta de la Guerra de V Generación
Publicado de acuerdo con ©Amazon.com, Inc.o afiliados
410 Terry Avenue North Seattle, Washington 98109 US

Mirelvis Nazareth Gutiérrez
Revisión General
Ilustración de la cubierta
Diagramación
HYPERLINK
mailto:mirelvisgutierrez@gmail.com

MÉXICO: www.amazon.mx
BRASIL: www.amazon.br
ESTADOS UNIDOS: www.amazon.com
CANADÁ: www.amazon.ca
ESPAÑA: www.amazon.es
FRANCIA: www.amazon.fr
ITALIA: www.amazon.it
ALEMANIA: www.amazon.de
REINO UNIDO: www.amazon.co.uk
AUSTRALIA: www.amazon.com.au
JAPÓN: www.amazon.co.jp
PAÍSES BAJOS: www.amazon.nl

Para 6 mil millones de habitantes,
víctimas del Nuevo Orden Mundial
y la vil manipulación mediática de
los medios internacionales

COMIENZO

"El diálogo es el arma más poderosa del mundo, que casi nadie usa, y es gratis"... A los largos de mis años, he leído centenares de bibliografías, he escrito 4 libros (Una cita Con Dios, La Subasta de un Alma, La Cara Oculta de la Geopolítica Mundial y recientemente éste que ha comenzado a leer), publicado cerca de 400 frases y he redactado cerca de 1600 artículos de temas de interés nacional e internacional. Eso me ha permitido comprender racionalmente cómo se maneja el mundo, y cuando digo "mundo" me refiero a los grandes poderes económicos y políticos que son vuestros reales gobernantes.

De ellos aprendí: - Nada en Geopolítica ocurre por casualidad, todo ha sido previamente planificado (los Tanques de Pensamientos –Think Tank– han hecho de manera excepcional su trabajo). - Ellos nos sometieron al rebaño (sus medios de comunicación son las armas más poderosas para la invasión de vuestras mentes –manipulación psicológica y neurológica–). - La guerra es uno de los negocios más lucrativos del mundo (la paz es utópica y jamás existirá en la conjugación de sus verbos). - Divide y vencerás (una frase vociferada desde la antigüedad para crear caos y sacar provecho de ello. - El diálogo es gratis (...y puede evitar guerras; eso no conviene al negocio de las grandes empresas bélicas). ¿Hacia dónde voy con esto? - Mientras usted y yo, nos desgastamos en un enfrentamiento mortal, moral, político, ideológico, religioso e incluso ético; los "poderosos" incrementan sus riquezas, invaden vuestros países, saquean vuestras riquezas y nos mantienen esclavizados en pleno siglo XXI. Así que abra bien sus ojos, ordene sus ideas, lea buenos libros y lo más impotente despierte su conciencia. Recuerde siempre: "No todo es lo que parece, y mucho menos no todos son lo que dicen ser".

Con lágrimas en mis ojos, y el corazón contrito exclamo con un grito universal: ¡Ya basta de guerras!, ya basta de ansías de poder, ya basta de bombardeos, ya basta de armas de guerras, ya basta de destrucción, ya basta de invasiones a países, ya basta de sed de venganza, ya basta de esclavizar, ya basta de ser insensibles, ya basta de ambición, ya basta de dominación, ya basta de separar familias, ya basta de asesinar a niños y mujeres inocentes, ya basta de exiliar a personas de su propio país, ya basta de despreciar al pobre, ya basta de despreciar al necesitado, y basta de acabar con la paz, ya basta de propiciar el hambre, ya basta de violar los derechos humanos, ya basta de quebrantar la inocencia, ya basta de tanto genocidio, ya basta de despreciar, ya basta de humillar, ya basta de confrontaciones, ya basta de llamarnos el tercer mundo, ya basta de tantas explotaciones, ya basta de divisiones, ya basta de ultrajes, ya basta de tantas lágrimas, ya basta de acabar con la naturaleza, ya basta de tanta pobreza, ya basta que se disfracen de Paz, ya basta de tanto rencor y ya basta de ser vistos como un objeto.

Nosotros también tenemos derecho a la vida.

Raúl Ojeda

¿POR QUÉ DE ESTE LIBRO?

«Si no estás prevenido ante los medios de comunicación, te harán amar al opresor y odiar al oprimido» Malcom X

Iniciaré comentando: *«El mundo arde en llamas, y al parecer no hay quién lo detenga. Las piezas del tablero mundial se mueven y las consecuencias son desgarradoras y extremadamente violentas [los poderosos lo llaman "daño colateral"]. Día a día los atentados contra la humanidad se multiplican, las compañías bélicas se hacen increíblemente millonarias y los dueños del mundo continúan su Nuevo Orden Mundial. ¿Mi aporte en este mundo? – Un pequeño pero poderoso libro que permitirá entender cómo ha sido el voraz ataque imperial contra los países del Medio Oriente, Europa y América Latina»*

Este nuevo libro fue concebido como la segunda parte de la saga política **'La Cara Oculta'** (2016); y con el cual se busca mostrar a todos ustedes cómo ha sido el voraz ataque de los poderosos medios internacionales contra los gobiernos progresistas de América Latina, cómo han propiciado las guerras en el

Medio Oriente y cómo han manipulado a las masas a través de técnicas de persuasión psicológicas y neurológicas. ¿Quién piensa por nosotros? – En esta entrega se responderá esta pregunta que políticamente ha generado tanta inquietud.

Este libro es para cualquiera que esté interesado en comprender el modo en que se manipula la información y se realiza la guerra psicológica, ejemplificada dentro del conflicto iraquí, libio, sirio, árabe-israelí y la aplicación de la Guerra No Convencional en Venezuela.

Provee información relevante sobre la evolución del manejo de la información en prensa, las tácticas y objetivos de las guerras de Cuarta y Quinta Generación y revela cómo en la actualidad se ha impuesto una censura global sobre la verdad de los conflictos y sus realidades.

Por cierto, se ha preguntado usted: ¿por qué por ejemplo un ataque "terrorista" en Europa conmueve tanto al mundo?, ¿por qué cuando eso ocurre en las redes sociales un hashtag *#PrayFor* se hace viral, y miles de famosos, artistas, filántropos y multimillonarios aparacen en los medios exigiendo paz, respeto y justicia? Pero, se preguntarán ellos mismos y el resto del mundo: – ¿Qué pasa con el Apartheid israelí en contra de los palestinos?, – ¿Qué pasa con la masacre que dejaron tras la invasión a Irak en el 2003?, – ¿Qué pasa con el genocidio en Siria? –

¿Qué pasa con el desastre que la OTAN dejó en Libia en su misión humanitaria en el 2011?, – ¿Qué pasa con los países más pobres del mundo?, – ¿Qué pasa con los 700 millones de personas en extrema pobreza y sin acceso a agua potable?, – ¿Qué pasa con los 100 millones de niños en condición de calle?, – ¿será que la vida de los europeos valen más?, – ¿ó es que acaso sus derechos humanos son de carácter exclusivos? La respuesta no es tan complicada: – Los medios internacionales lo han manipulado a usted por décadas y le han mostrado con eficiencia el show mediáticos que los poderosos del mundo quieren [en ese show no está permitido mostrar a la pobreza, el hambre, la desidia, los niños del infortunio, las productos transgénicos, masacres por metales, la prostitución, las guerras por petróleo, las injusticias y la más oculta: la verdad].

Es por ello, que relatar una guerra es construirla en la mente y hacerla vivir en el corazón. Desde la antigüedad griega, construir el relato de un conflicto ha significado crear un mito de buenos y malos, vencedores y vencidos.

La masificación de los medios de comunicación y el acceso a la información es un aspecto más de la guerra. Se batalla hoy con mucho más fuerza que nunca antes por el control de la información, la propaganda, la desinformación y, por sobretodo, con guerra psicológica y neurológica.

Recordando

"Quién no conoce la historia corre el riesgo de repetirla", dijo alguien en un momento de profunda reflexión. Desde aquel día la frase transcendió y se hizo célebre porque es increíblemente verdadera. El gran problema radica en que al final casi nadie tiene acceso a la verdad..., a la cruda y valiosa verdad (que nos hace libres).

No estoy hablando de la verdad manipulada, con medias tintas ni mucho menos maquillada, me refiero a una verdad basada en un fiel contexto histórico con grandes conocimientos de causas. Al final ¿quién escribe la historia? Obvio: los vencedores y sobrevivientes. Hagamos un recuento breve por la historia sobre las generaciones de guerras.

Las primeras guerras se libraban mediante poder humano masivo. Dos ejércitos luchando en una batalla, frente a frente, con el triunfo de la estrategia y el poder contrastado de las armas. Con su apogeo bajo Napoleón y hasta antes de la Primera Guerra Mundial, fue la era de **Guerra de Primera Generación**. Esta Primera Generación se caracteriza principalmente por un intento de establecer en la batalla el "orden", entendiendo éste desde las disposiciones tácticas de los ejércitos, al uso generalizado de uniformes, normas disciplinarias, ordenanzas, etc. El objetivo de este orden es el "choque" que permita a las bayonetas encontrarse. La finalidad del choque es destruir al enemigo o expulsarle de una zona que ocupe o haya alcanzado.

Para el año de 1880 dos inventos cambiaron el modo de relatar un conflicto. La rotativa y la linotipia aumentaron la circulación de los periódicos que comenzaron a contar, además, con la revolución gráfica de la fotografía y la inmediatez del telégrafo. Surgen los corresponsales de guerra que otorgan al lector la sensación de ser informados "directa y objetivamente" desde el terreno. La carrera armamentista, por su parte, aportaba mayor poder de destrucción y más enfrentamientos simultáneos.

La guerra de Crimea (1854-1956) fue la primera "vista" por los espectadores. No se mostraba soldados en acción, pero sí muertos, trincheras y edificaciones militares. La guerra de secesión americana (1861-1865), la franco-germana y la comuna de Paris (1870) y luego la de los bóers en Sudáfrica (1899-1902) obtuvieron, literalmente, millones de imágenes registradas. Pero las imágenes mostraban situaciones inmóviles y soldados posando para la cámara. —Buen dato—

Las guerras de Cuba y Filipinas, de finales del siglo XIX fueron seguidas, por primera vez, por el nuevo invento de imágenes en movimiento: el registro cinematográfico. Fue en 1896, en La Habana, cuando se mostraron al mundo las tropas en maniobras, a un par de años del fin del conflicto. Fue tan grande el impacto en la opinión pública norteamericana que provocó la intervención estadounidense en el conflicto. Curiosamente las filmaciones no mostraron las batallas. Fueron filmadas en estudios y narradas como alusiones a la guerra. Pero para el público poco importó la diferencia: había que entrar en guerra. ¿Interesante no?

El entusiasmo por los resultados se llevó a México y su evolución (1911-1920) hacia donde se trasladaron productores y cronistas de todo el mundo. Fue la primera guerra filmada en acción, se realizaron documentales y los revolucionarios posaban especialmente para las cámaras.

La Primera Guerra Mundial (1914-1918) disparó la alerta a los Estados sobre este nuevo poder, creándose políticas especiales para el tratamiento de la información. Se censura, se manipula, se ordena enfatizar este y aquel aspecto de interés para los altos mandos de la guerra. Surge un nuevo combatiente: el periodismo de guerra y el productor de documentales. Los franceses descubrieron, en la Primera Guerra Mundial, un nuevo estilo de lucha. Al fuego de las armas se sumó el movimiento, haciendo que el fuego indirecto fuese la clave determinante. La máxima francesa fue "la artillería conquista, la infantería ocupa". Comenzó el protagonismo de las armas masivas y el desgaste. Era el nacimiento de la **Guerra de Segunda Generación**.

En los años 20 surge un nuevo medio: la poderosa radio. Y se trasladan hasta las batallas. En 1933 se entabla una guerra radial disparada desde la radio Viena de Engelbert Dollfuss y la radio Múnich de Joseph Goebbels. Las grandes cualidades emocionales del relato radial otorgan a sus dueños el poder de convencer el corazón y la mente de los radioescuchas. Se explica a la población y a los combatientes por qué luchan tanto y cómo es el enemigo. El auxilio norteamericano a las naciones europeas convirtió al mismo Pentágono en productor de cine. La serie "Why we fight" ("Por qué combatimos") predispone a la opinión pública sobre las razones y consecuencias de la guerra librada en otro continente. La prensa se cohesiona en torno a la guerra y multiplica el discurso nacional, si bien a diferencia de las potencias europeas, la mentalidad americana permite criticar la conducción de la guerra. Son las primeras quejas sobre la cantidad de vidas perdidas o el sentido de las acciones militares. Europa permite mostrar la guerra después de terminada.

La Segunda Guerra Mundial vio nacer a su vez a la Guerra de Tercera Generación por el lado alemán. El predominio de la estrategia de las maniobras comenzó a decidir el curso de los conflictos y triunfo de la contienda. Las tropas ya no se acercaban y destruían, sino que se procuró infiltrar para sobrepasar y colapsar, quebrando el poder al enemigo. No fueron las armas sino el factor sorpresa, la velocidad de las operaciones y la dislocación física y mental de la fuerza enemiga: alcanzarle por detrás y colapsarlo hacia adelante.

Tras la Segunda Guerra Mundial el mundo ha sufrido tantos enfrentamientos bélicos que no se ha gozado ni un mes de paz mundial. Pero los mismos evolucionaron haciendo del conflicto árabe-israelí el prototipo de la **Guerra de Tercera Generación**.

Para la guerra de Corea (1950-1953) un invento se convierte en el principal protagonista: la poderosa televisión. El conflicto comunismo/anticomunismo es el centro y eje de las emisiones. Apenas un año antes las tropas de Mao Tse Tung aplastaban la rebelión de Chiang Kai-chek y EE.UU. – frente al triunfo del maoísmo que intervenía en Corea del Norte con el apoyo de la Unión Soviética – temía la expansión internacional del imperialismo comunista. Se movilizaron 500.000 soldados occidentales hacia el conflicto. La prensa no disentía frente al problema y consecuencias del peligro que enfrentaban.

El mayo francés de 1968 y el movimiento hippie norteamericano dieron un nuevo escenario a la Guerra de Vietnam. Por primera vez los enemigos tenían acceso a los medios de comunicación y podían trasladar la guerra a la población civil. Se transmitieron entonces tanto versiones que denunciaban las atrocidades cometidas por el VietCong, aliado de Rusia y China, en el norte de la nación asiática como se transmitían producciones antiamericanas, a favor de las tropas socialistas. Junto a esto se realizaban campañas de desmoralización de las tropas y el público americano, produciendo el desgaste histórico que consiguió dar vuelta la situación y que los norteamericanos desaprobaran el conflicto. Por primera vez se logra un triunfo "local" y se aprendieron las lecciones sobre "cómo ganar la guerra en la tierra del enemigo".

La resistencia afgana a la invasión soviética (1978–1992) comprendió que era imposible superar la fuerza armada del Ejército Rojo. Los muyahidines optaron por una guerra psicológica que obligó al Kremlin a ordenar la retirada. Poco más de diez años después el sangriento atentado terrorista en el Metro de Madrid, con 191 muertos y 1.858 heridos, significó el triunfo de las fuerzas yihadistas de Al Qaeda convenciendo a la opinión pública y a las autoridades de retirarse de Irak y entregarlo al dominio islámico.

A partir de allí cada conflicto cubierto supone una fuerza mediática casi mayor que la desplegada por las acciones militares en terreno. Se había descubierto el inmenso poder de la guerra psicológica, capaz de descomponer a un país, desmoralizarlo, traumatizarle a través de imágenes impactantes sobre as víctimas que provocan sus tropas, los abusos que se cometen, el daño medioambiental, la tortura, se desacredita la versión oficial, se promueve el desarme y pacifismo, se expanden dudas y rebeliones contra las autoridades, etc. La guerra debe ganarse en las mentes y corazones.

El premio será la victoria sin armas. Estados Unidos, desmoralizado y traumatizado por la propaganda soviética en su propio territorio, renunció al norte y fue rechazado en el sur por medios clásicos de guerra. ¿Lo sabías?

Hoy en día la estrategia de guerra consiste en lo que Abu Ubeid al-Qurashi, representante de Al-Qaeda, declaraba para Al Ansar en febrero de 2002 que el propósito de la misma es minar el apoyo popular por los soldados dentro de la sociedad del enemigo. En este tipo de guerra, la televisión es considerada más poderosa que los tanques, porque la última meta es influenciar la opinión pública para hacerla percibir al enemigo como la víctima y a la víctima como el agresor. Esto es lo que se conoce como la **Guerra de Cuarta Generación ó también llamada "Guerra Asimétrica"**. Fue Mao Tse-Tung quien propuso en parte este modelo, décadas antes de hacerse popular, con su teoría de que la conquista del poder político y de la opinión pública significaría el triunfo sobre el poder militar y económico superiores del enemigo. Ya no se combate con tropas opuestas ni se hace uso de la estrategia militar. El nuevo objetivo es ganar las mentes y corazones del enemigo hasta provocar la rendición de su poder político. Ésta ya no apunta su objetivo solamente a las tropas sino también a la población, golpeándoles física y psicológicamente.

El combate en la Guerra de Cuarta Generación tiene una lógica de redes: sociales, militares, políticas y económicas, las cuales son manipuladas para persuadir a los poderes decisivos del enemigo y presionarle para convencerle de que su estrategia es inalcanzable, sus resultados demasiado dañinos en imagen y demasiado escasos en comparación con los costos. Basta observar, por ejemplo, una simple búsqueda por Google sobre el conflicto árabe–israelí para comprobar el control de todas las primeras entradas, prácticamente unánimes en la visión pro-Israel y condenatoria a Palestina. Vamos: – ¡Inténtelo!

Recuerde: «el poder de las imágenes en comunicación radica en la doble fuerza de ser subjetiva y verificadora, es decir, que entrega a quien la contempla la posibilidad de "traducir" e interpretar lo que observa y, a un mismo tiempo, de "comprobar" visualmente lo que ocurre»

La Marine Corps Gazette presentó de forma brillante el centro del problema de una Guerra de Cuarta Generación: "Los adversarios que usan la guerra de cuarta generación serán adeptos a manipular los medios para alterar la opinión doméstica y mundial hasta el punto en que el uso hábil de operaciones psicológicas impedirá el compromiso de las fuerzas de combate. Un blanco mayor será el apoyo de la población del enemigo a su gobierno y la guerra. Las noticias televisivas se volverán un arma operacional más poderosa que las divisiones armadas".

Es la insurgencia global que extiende, en una **Quinta Generación de Guerra ó también denominada "Guerra Sin Límites"**, el combate a todo el planeta, intentando unificarle en un rechazo planetario a las acciones del enemigo. La sofisticación digital, la manipulación de la información, el ascenso global de las protestas y los cyberataques revelan otra característica de esta nueva era: ya no se combate por una patria sino por una ideología, como "la libertad de los oprimidos y empobrecidos árabes", por "el cambio climático" o una causa cualquiera que sirva a propósitos de debilitar la resistencia y esconder las acciones de guerra que se conduce. En esta generación de guerra no interesa ganar o perder, sino demoler la fuerza intelectual, hace uso de medios electrónicos y de comunicación de masas para generar desestabilización en la población a través de operaciones de carácter psicológico prolongado; busca afectar la psiquis colectiva, afectar la racionalidad y la emocionalidad, además de contribuir al desgaste político y a la capacidad de resistencia.

Finalizo con una frase del gigante de América Latina, Eduardo Galeano: *«Las guerras siempre invocan nobles motivos, matan en nombre de la paz, en nombre de Dios, en nombre de la civilización, en nombre del progreso, en nombre de la democracia y si por las dudas, si tanta mentira no alcanzara, ahí están los grandes medios de comunicación dispuestos a inventar enemigos*

21

imaginarios para justificar la conversión del mundo en un gran manicomio y un inmenso matadero»

– ¿Dónde estamos fallando? – ¿Por qué nos dejamos manipular? – Simplemente porque no comprendemos el concepto de Guerras de Cuarta y Quinta Generación.

– ¿Está usted preparado para la Guerra de V Generación?

Raúl Ojeda

INDICE

PRÓLOGO

Mi compatriota Raúl Ojeda trajo a mi mente el concepto de que el diálogo es gratuito, expresión a partir de la cual se me ocurre evocar a algunas situaciones personales para comentar que en mi criterio la falta de diálogo puede ser muy costosa. Entrando en el mes de octubre del 2017 una rara paz plena de inseguridades parece cubrir al territorio venezolano en la víspera de un ejercicio electoral regional donde las fuerzas negadoras del diálogo han aceptado participar no tanto con intensiones dialogantes sino bajo la expectativa de unos resultados, a ser reconocidos o desconocidos para la definición del curso a seguir por la democracia venezolana en estos tiempos de desbordes emocionales e irracionalidades agresivas producto o consecuencia del manejo y manipulación de cerebros advertidos o inadvertidos, pero lo suficientemente frágiles para ceder ante las fáciles tentaciones que apuntan a "almas inocentes" o no tan inocentes.

La intención del autor que nos habla de la cara oculta de la guerra de V generación se me escabulle y reaparece cuando evoco las largas conversaciones sobre el tema interminable del papel de los medios de comunicación y sus hipnotizados espectadores en las batallas democráticas o antidemocráticas para hacerse del poder y disponer de él para hacer el bien o hacer daño sin escrúpulos en el ejercicio de la intimidación de la seducción o de la manipulación.

Observo con interés se entrecruzan y yuxtaponen las generaciones catastróficas que plasman el decurso de la historia contemporánea a partir de algunos momentos precisos cuya identificación facilita la comprensión de los fenómenos políticos contemporáneos.

Hay un elemento anecdótico tan serio que podría ser identificado en la génesis de la guerra de IV generación independientemente de que se mezcle o confunda con otros elementos genéticos.

En 1897 en Cuba, un aburrido corresponsal de la cadena mediática Hearst de los EE.UU. asignado para cubrir la Guerra de Independencia de Cuba en pleno desarrollo le escribió a su jefe (¿amo?) en los Estados Unidos que no tenía fotos o gráficas que poner porque nada estaba ocurriendo en Cuba. La verdad aparente es que el señor de apellido Remington se solazaban en medio de las delicias habaneras sin atender debidamente las acciones bélicas independentistas y anticolonialistas que libraban los patriotas cubanos contra el colonialismo español.

La respuesta de William Randolph Hearst fue muy continente y sirvió para anticipar su estrategia mediática incluyendo las tareas del señor Remington de inmediato, como una asombrosa copia del futuro a través de su cadena periodística el señor Hearst desato de costa a costa en los Estados Unidos una feroz campaña mediática contra España muy útil a los efectos de alimentar un desprecio hacia ese país de parte de la opinión pública gringa. Pero hubo una gota que derramo la copa de nitroglicerina. En el buque "Maine" en el puerto de La Habana.

El incidente ocurrió en 1898 ya suficientemente indignada por los medios de la opinión pública del norte ha sido considerado por la historia como un sabotaje preparado por los servicios secretos de los EE.UU. como una maniobra de propaganda que exitosamente justificó el estallido de la guerra Hispanoamericana donde las fuerzas militares del naciente imperio "le dieron hasta con el tobo" a las raquíticas y debilitadas fuerzas armadas españolas, y de paso, además de sabotear el desarrollo natural de la fuerzas independentistas de Cuba, se llevaron consigo algunos preciados tesoros como Puerto Rico, Filipinas y Guam. Posteriormente se apropiarían "per secula seculorum" del territorio guantanamero (se recomienda comparar la agresiva arremetida mediática económica imperialista contra la Venezuela Bolivariana de hoy 2017).

En plena Guerra Fría en Marzo de 1960 un buque carguero francés "La Coubre" cargado de armas y explosivos para la defensa de Cuba, fue volado con una inmisericorde explosión que asesino a más de 100 tripulantes marineros trabajadores del puerto en lo que podría llamarse la radicalización de las agresiones gringas a la Revolución Cubana. Entonces al igual que en la Venezuela del siglo XXI el Imperio apoyado por una feroz guerra mediática se decidió a prenderle fuego a un proceso revolucionario anticapitalista y anticolonialista que procuraba la justicia social.

Difícil de terminar cuando comenzó el sabotaje total de Cuba y los primeros disparos e intentos desestabilizadores con el apoyo de los grandes medios de comunicación de los Estados Unidos (cadena Hearst incluida) como en los "mejores" tiempos del siglo XIX. Pienso que la mejor manera de no equivocarme es ubicar estos perversos acontecimientos desde los primeros días de la victoria revolucionaria; a partir de allí y aprovechando los escándalos planificados por el ajusticiamiento (paredón) de la pandilla o cohorte de asesinos torturadores y violadores Batisteros. Lo que siguió fue una sucesión de pesadillas de todo género y de toda maldad; recordado en orden no cronológico Bahía de Cochinos, incendio de cañaverales, atentados y magnicidios, intentos de envenenamiento contra los lideres cubanos, secuestro de niños para llevarlos a los Estados Unidos, el bloqueo económico, la crisis de octubre del 62' y su bloqueo naval, terrorismo de

Estado, voladura de aviones, incendios provocados en grandes y pequeñas instalaciones, esparcimiento de enfermedades (aspersión e inoculación), difamación, destrucción de cultivos y así hasta el infinito que es hoy.

Estas evocaciones históricas nos prueban que la cara oculta de la guerra de V generación en verdad no ha estado tan oculta como podría suponerse porque políticas y conductas propias de la dictadura mediática a lo largo de los tiempos o de los siglos tienen una vinculación familiar con lo que hoy nos ha dado por llamar modernidad.

En 1941 apareció para escándalo político cultural la obra maestra del gigante cinematográfico Orson Welles, titulada "Ciudadano Kane" que hoy podríamos llamar con tranquilo desparpajo Ciudadano Murdoch o Ciudadano Turner o cualquier otro nombre atado a la propiedad o dominio de los medios representativos de la dictadura mediática. En plena II Guerra Mundial, Welles denunció la complicidad entre el liderazgo político de los Estados Unidos de América y los medios locales, regionales o nacionales, por no decir internacionales. Gran escándalo, por cierto. Los villanos fueron desnudados en público como en la vieja historia del Rey medieval, solo que el "desnudador" no fue un niño espectador inocente, sino un malicioso intelectual estadounidense de la pantalla cinematográfica.

En los años 50, 60 y 70 comenzó la agonía de los valientes que enfrentaron primero a las bestias del Macartismo recordemos en orden cronológico a Eduard Murrow, Walter Cronkite y Dan Rather, entre otros que le hicieron la vida insufrible a la canalla política de los Estados Unidos de América, incluyendo presidentes, parlamentarios y líderes corporativos. Fueron los buenos tiempos de la denuncia de la guerra de Vietnam y de Watergate.

Desde entonces han declinado las bondades del periodismo de investigación especialmente en la América del Norte y la preeminencia en la opinión pública han ido imponiendo la violencia, la frivolidad, el "entretenimiento", los mensajes religiosos fanatizados y la mercantilización de los grandes eventos de todo tipo, especialmente en el deporte y las artes escénicas tecnológicas superficiales.

Las sociedades democráticas se defienden como pueden pero la tarea no es fácil. En el Reino Unido los diarios y medios amarillistas están preparados para contraatacar a los críticos y disponen de millones de libras esterlinas atesoradas para pagar las demandas por delitos conectados con la difamación sin renunciar a la reincidencia a pesar de las condenas judiciales.

Podríamos incursionar en otros países como Francia y España, pero las mayores acumulaciones de basura mediática en mi criterio, se producen en el mundo anglosajón; de allá, por cierto surgen las grandes difamaciones y linchamientos mediáticos por países y corporaciones.

El tema da para ser cubierto todavía más in extenso pero lo que doy por cierto es que la cara oculta de las guerras de IV y V generación se van desvaneciendo y el rostro diabólico de la dictadura mediática y del capitalismo insaciable y voraz se hace visible y nos obliga a las sociedades democráticas a levantar nuestros brazos blandiendo una estaca para hundirla en los pectorales del mal. Sin embargo; esta obra que me honran en prologar nos dota con suficientes y prolijos detalles para librar las próximas batallas por la democracia y la libertad.

MIENTRAS TANTO, VENEZUELA VENCERÁ.

DR. ROY CHADERTON MATOS
HONORABLE EMBAJADOR

CAPÍTULO I: CONTROL MENTAL POR LOS MEDIOS

ANTECEDENTES

Si ya leíste mi libro La Cara Oculta de la Geopolítica Mundial [2016], eso te permitirá entender realmente cómo ha sido el mundo después de la guerra fría, y la actuación de EE.UU. como súper potencia bajo un contexto histórico bien desarrollado.

Ahora bien, el conocimiento de nuevas guerras, posteriores al fin de la Guerra Fría se inicia, no obstante, en los últimos momentos de la confrontación entre Estados Unidos y la Unión Soviética. Así, en la década de los 80's aparece el concepto de 'Guerra de Cuarta Generación', expuesto por primera vez por William Lind, donde luego de hacer un recorrido por lo que el autor llama Guerras de Primera, Segunda y Tercera generación, habla de un nuevo tipo de guerras privatizadas y alejadas de las normas heredadas por más de 300 años, a las que clasifica como Guerras de Cuarta Generación. Este concepto fue redactado en la escuela de guerra del Pentágono para describir una amenaza post-guerra Fría de insurgentes como los «actores no estatales violentos» (VNSA's) en estados fallidos, ejemplo: «Estado Islámico» (EI).

Posteriormente se conoció el concebido por el Coronel Thomas Hammes, que plantea las características cada vez más visibles de conflictos entre fuerzas dispares y la necesidad de dar respuesta, por parte de un Estado o un grupo de estados, a estas fuerzas muchas veces privadas; y considera que la guerra de cuarta generación.

Referente a los planteamientos oficiales o doctrinales estadounidenses, se puede mencionar el Joint Warfare of The Armed Forces of United States (1995 y 1997). En estas definiciones doctrinales, los conflictos de cuarta generación son entendidos como el choque de fuerzas distintas, sin profundizar en la distinción de armamentos, objetivos o estrategias.

En 1998, Paul Herman define la Guerra de Cuarta Generación como "un conjunto de prácticas operacionales que tienen por objeto negar las ventajas y explotar las vulnerabilidades del más fuerte, antes que buscar enfrentamientos directos".

En cambio, Benedicto Salmerón, define las guerras de cuarta generación como guerras donde se confunde lo civil con lo militar, los objetivos tácticos con los estratégicos y la capacidad de respuesta militar de los estados depende de fuerzas muy móviles, flexibles y con mucho poder de fuego.

Estas definiciones permitieron hacer el salto a un nuevo concepto aparecido para definir estos nuevos conflictos, el de 'Guerra Asimétrica' ó Guerra de Cuarta Generación.

A partir de 1999 la Organización del Tratado del Atlántico del Norte (OTAN) precisa una serie de requerimientos básicos para la operación de sus Fuerzas Militares en guerra asimétrica. Estas vitales capacidades son: movilidad y capacidad de proyección, sostenibilidad, disponibilidad, superioridad en el enfrentamiento, protección, mando y control integrado, énfasis en labores de inteligencia, modularidad, flexibilidad, interoperabilidad de las fuerzas, acción conjunta y combinada, capacidades de fuerzas especiales y capacidades de operar en red.

Por su parte, Colin Gray afirma que la guerra asimétrica es "un método de combate difícil de definir pero que se basa en lo inusual, lo inesperado y en procedimientos ante los que no resulta fácil una respuesta mediante fuerzas y métodos convencionales".

En consecuencia, la asimetría implica una elevada complejidad en la acción militar y genera elevados grados de incertidumbre en el campo de combate, ya no regido por los parámetros tradicionales de la estrategia moderna, caracterizada por lineamientos definidos e incluso reglas de encuentro claras.

Las definiciones contemporáneas plantean la Guerra Asimétrica como un conflicto armado que se produce entre varios contendientes de capacidades distintas. Alguno de ellos buscará vencer utilizando el recurso militar de forma abierta en un espacio de tiempo y lugar determinados y ateniéndose a las restricciones legales y éticas tradicionales. Su oponente u oponentes tratarán de desgastar, debilitar y obtener ventajas actuando de forma no convencional mediante éxitos puntuales de gran trascendencia en la opinión pública, agotamiento de su adversario por prolongación del conflicto, recurso a métodos alejados de las leyes y usos de la guerra o empleo de armas de destrucción masiva. Todo ello con el objetivo principal de influir en la opinión pública y en las decisiones políticas del adversario.

Paralelamente, aparecen conceptos como el desarrollado por Frank Hoffman, clasificado como Guerras Híbridas. Este nuevo concepto, funde las nociones de guerra de cuarta generación, guerra asimétrica y guerra convencional, y afirma que es posible encontrar conflictos entre Estados que tienen un gran diferencial de poder militar, donde el bando más débil emplea simultáneamente material y tácticas tanto de guerra asimétrica como de guerra convencional, todo en función de la necesidad de las operaciones.

En síntesis, de los conflictos de la Guerra Fría, se pasó a la noción de nuevos conflictos en los años noventa. De esta amplia definición se construyó la noción de Guerras de Cuarta Generación, la cual a su vez dio paso a la definición de Guerra Asimétrica, un poco más acorde con la ampliación conceptual y las características de los conflictos. Por último, se encuentra el concepto de Guerra Híbrida, el cual unifica los postulados de guerra asimétrica con los de guerra convencional. Veamos algunos ejemplos tangibles y miserablemente tristes que me llevan a preguntar: – ¿Humanidad dónde estás?

¿Qué pasó mediáticamente en la Libia del 2011?

– Para entender el derrocamiento de Muamar el Gadafi, pieza clave de la OPEP, mencionaré que Ricardo Alarcón de Quesada, canciller cubano junto al honorable periodista Walter Martínez estaban en una cena con Gadafi en el Palacio Leidrys, a cielo abierto en la alfombra, al mejor estilo y vieron como ese hombre recibía a cada uno de los delegados de cada una de las tribus que venía a plantearle un problema, como quien se lo plantea a un padre, y nadie se iba sin una solución, y el estándar de vida de esa gente era envidiable, hasta entonces muy bien tratado por las potencias occidentales por su generosa actitud. Por ejemplo dinero para que Nicolás Sarkozy ganara la campaña electoral, donaciones para universidades y fue demonizado después por la misma potencia, incluso se fabricó en Qatar la falsa Plaza Verde de Trípoli, fabricaron la Plaza Verde de Trípoli que era como decir el lugar donde acá hacemos las grandes manifestaciones, lo falsificaron al estilo Hollywood y apareció alguien que hacía de hijo del Coronel Gadafi, Saif al-Islam, supuestamente detenido por supuestos rebeldes libios, el verdadero Saif al-Islam y su aparición entre los medios extranjeros para desautorizar la patraña después. Se llegó a fabricar el frente de guerra de una crisis y todos lo recibimos vía satélite, pero la manipulación facilitó el avance rebelde en la verdadera Trípoli y determinó que 11 países —lean bien— teatro de operaciones real y lo que se refleja en los medios, 11 países engañados por las imágenes, reconocieron al Consejo Nacional de Transición Libio como si fuera el legítimo representante de Libia.

Este tipo de manipulación nos aproxima a los conceptos de la guerra de Cuarta Generación y guerra no convencional, a los que tenemos que acostumbrarnos como investigadores, y no sólo manejar sino divulgar por todos los medios de la cual disponemos actualmente.

Sobre la primera, la guerra de Cuarta Generación, el escritor Daniel Martínez Kunil expone en su teoría y práctica de la guerra de Cuarta Generación y cito: "Las dos características principales de esta guerra son: la búsqueda del colapso del enemigo en su retaguardia civil, no en el frente, ya que de esta forma se consigue hacer irrelevante la capacidad militar del adversario". Segundo, el uso de las libertades de las sociedades democráticas como un arma precisamente para destruirlas.

Sobre este tipo de conflicto el autor describe: "desaparece el concepto habitual de campo de batalla y toda la sociedad atacada se convierte en teatro de operaciones, toda. Los mensajes emitidos por los medios de comunicación, son factor determinante para influir en la opinión pública en todo el ámbito, la propaganda que no la información, llegará a constituir el arma estratégica y operacional dominante y si es necesario se utilizará el terrorismo, las acciones tácticas tendrán como objetivo la cultura del enemigo, predisponen a las poblaciones en contra de sus propios gobiernos, se transforman las Fuerzas Armadas regulares en irregulares y entramos en el terreno del paramilitarismo, se reducen los principales sistemas de combate convencional, se generalizan los enfrentamientos de baja intensidad".

Podemos introducirnos en la esencia de la guerra no convencional con varias citas, lecciones aprendidas por Estados Unidos, y cito: "Cuando hay una población incluida en la operación, la parte psicológica por ejemplo, la propaganda y la subversión pueden ser más importantes que la parte física". Es decir, la guerra de guerrillas por ejemplo. En la doctrina Obama se encuentra la noción de poder blando y poder inteligente. Cito: "Capacidad de obtener lo que uno desea atrayendo a los demás, en lugar de amenazarlos o pagarles". Estados Unidos debe pasar por exportar miedo a inspirar optimismo y esperanza. Poder inteligente es igual a poder blando, más poder duro. Es obvio que el poder inteligente alude a los medios de comunicación. Ahí entran los profesionales de la comunicación, y también a la utilización de la tecnología. Ambas categorías son protagonistas de la primera fase de la guerra no convencional.

No se puede dejar pasar por alto un ejemplo histórico espectacular en la era del Plan Cóndor, lo primero que le hicieron a Salvador Allende para que fracasara su gestión, fue desaparecer el papel higiénico y las toallas sanitarias, procaz pero real, después empezaron con los alimentos, ¿les suena familiar? Ambas categorías son protagonistas de la primera fase de la guerra no convencional, igualmente, pertinente es lo resaltado por Allen Dulles, ¿quién es Allen Dulles? El primer director civil de la CIA, la Agencia Central de Inteligencia y cito: "Sembrando el caos en la Unión Soviética, sustituiremos sin que sea percibido sus valores por otros falsos y los obligaremos a creer en ellos, encontraremos a nuestros aliados y correligionarios dentro de la propia Rusia, literatura, cine, teatro deberán reflejar y enaltecer los más bajos sentimientos humanos". Por supuesto, no contaba con la televisión vía satélite pero ahora es un teatro de operaciones que todos sabemos.

"Apoyaremos y encumbraremos la violencia, el sadismo y la traición —en una palabra cualquier tipo de inmoralidad—, en la dirección del estado crearemos el caos y la confusión de una manera imperceptible, pero activa y constante, propiciaremos el despotismo de los funcionarios, el soborno, la corrupción y la falta de principios". Ya en 1962, el presidente John Fitzgerald Kennedy decía: "Hay otro tipo de guerra, nueva en su intensidad, antigua en su origen, una guerra de guerrillas subversiva, de insurgentes, de asesinatos, una guerra de emboscadas en vez de combates, de infiltración en vez de agresión que busca la victoria mediante la degradación y el agotamiento del enemigo en vez de enfrentarlo".

La guerra no convencional guste o no, están inmersos los medios y los comunicadores, es la estrategia del imperio para convertir a nuestros países en un caos [dominados], es la forma de agresión más probable a utilizar por Estados Unidos para alcanzar sus objetivos político militares debido a sus recientes y adversas experiencias en ese campo, con su consecuente shock social y económico.

En algunos documentos de la guerra no convencional se expresa: "Se ha convertido en el hilo conductor de las decisiones y acciones político militares de los Estados Unidos en esta época como se evidencia en los conflictos en desarrollo en Siria y en Venezuela. El escenario de la guerra no convencional es, un gobierno que debe ser debilitado, una población dividida y elevados niveles de insatisfacción con el gobierno a causa de lo que haremos. La guerra no convencional, implica esfuerzos que trascienden al departamento de Defensa —es decir al Pentágono—, por cuanto ella se desenvuelve en diversos frentes, político, económico, social y militar".

Insisto con la siguiente cita: "Tiene una naturaleza político militar, en la que resulta vital la participación de numerosas agencias de los Estados

Unidos para lograr un enfoque gubernamental y el éxito a largo plazo".

El Manual de las Fuerzas de Operaciones Especiales dice: "Es fundamentalmente una actividad política para persuadir a nuestros elementos sustitutos—elementos sustitutos de las Fuerzas Especiales— a actuar en correspondencia con los objetivos de Estados Unidos, lo cual es una aplicación indirecta del poderío estadounidense".

De la publicación conjunta 102 del Departamento de Defensa, diccionario de términos militares 2001-2008: "la guerra no convencional incluye la guerra de guerrillas, la subversión, el sabotaje, las actividades de inteligencia y otras, debe realizarse a través de fuerzas sustitutas o subordinadas con el empleo directo de ellas y deben ser fuerzas irregulares. Un amplio espectro de operaciones militares y paramilitares normalmente de larga duración, predominantemente realizadas a través, con o por fuerzas nativas, apoyadas y dirigidas por una entidad externa".

Del Manual de Campaña de las Fuerzas de Operaciones Especiales de Estados Unidos, noviembre 2010: "Los esfuerzos de Estados Unidos en una guerra no convencional, están dirigidos a: explotar las vulnerabilidades psicológicas, económicas, militares y políticas de un país adversario para desarrollar y sostener las fuerzas de la resistencia y cumplir los objetivos estratégicos de Estados Unidos". Se deducen entonces las notas resaltantes del concepto de guerra no convencional.

"Guerra asimétrica si quieren llamarla también, su objetivo general, derrocar gobiernos adversarios mediante la alteración del orden instituido, su protagonista, la población del país adversario; su acento, grupos humanos para que actúen según objetivos nacionales de nosotros. Su énfasis, acción multidimensional sobre las vulnerabilidades del adversario; su duración, prolongada".

El rol de Estados Unidos, ayuda y dirección desde el exterior, para lograr este objetivo emplean la conocida estrategia, empujar a la mayoría hacia posiciones en contra del gobierno a derrocar, esa palanca de empuje tiene dos componentes, la persistencia y la insurgencia, la resistencia es un esfuerzo organizado de alguna porción de la población civil del país para ofrecer resistencia contra un gobierno legalmente establecido con el fin de alterar la estabilidad y el orden civil. ¿Coincidencias con su país? - jamás, todo ha sido previamente planificado con el apoyo de un magestuoso músculo financiero; a propósito, recuerdo que en el 2014 el Congreso de los Estados Unidos desclasificó un documento oficial en dónde se evidenciaba un presupuesto de 2000 millones de dólares para desestabilizar a los gobiernos progresistas de América Latina a través de 'fundaciones y organizaciones civiles'. ¡Vaya!

La insurgencia es un movimiento organizado con el objetivo de derrocar un gobierno constituido mediante el uso de subversión y el conflicto armado, establecer un territorio nacional autónomo dentro de las fronteras del Estado y reacomodar el poder dentro del país, ambas son de alto valor estratégico porque son discretas y evitan la ejecución de acciones a mayor escala.

La guerra no convencional es ejecutada por las fuerzas de operaciones especiales, se infiltran en el territorio enemigo, se unen a las fuerzas de resistencia o de subversión, las entrenan y las asesoran, les asignan tareas de recopilación de datos, les imparten líneas combativas de sabotaje y de destrucción de objetivos importantes —recordemos lo de los 3 electrocutados—blanco muy especial de las Fuerzas de Operaciones Especiales lo constituyen las fuerzas militares y las fuerzas de seguridad del país a desestabilizar, vienen exactamente al caso los muy recientes asesinatos del periodista Ricardo Durán, y del Mayor General Félix Antonio Velasco, ambas personalidades comprometidas con la Revolución Bolivariana. En los dos casos participaron, según se informó, miembros activos y hasta jefes de la policía del Municipio Chacao donde gobierna un alcalde opositor; se induce esta categoría de funcionarios a desobedecer leyes, órdenes, regulaciones o instrucciones.

– ¿Qué pasa ahora con la República Bolivariana de Venezuela?

- Ese país tan vilmente asediado por todos los medios internacionales e incluso por las 'falsas noticias' (Fake news, en inglés). Una anécdota: en estos tiempos he estado debatiendo ideas con varios 'conocidos' de España sobre Venezuela, ellos me comentan que los dos países con los peores gobiernos del mundo son Cuba y Venezuela, y con firmeza y hasta odio dan sus nombre: –Raúl Castro y Nicolás Maduro– y los tíldan de "tiranos y dictadores", luego les pregunto: ¿Han visitado ustedes esos países?, y responden: ¡jamás!, en el debate surge otra pregunta: ¿Manejan ustedes los indicadores económicos de esos países?, nuevamente la respuesta es no. Y para finalizar les pregunté: ¿Cómo se llama el presidente del Banco Central Europeo? Y la respuesta fue un rotundo no. Ahí entendí: - la manipulación de las masas es extremadamente efectiva y peligrosa, ya no se necesitan armas nucleares para destruir un país, simplemente periódicos, revistas y las poderosisímas redes sociales. - Pues estamos inmersos en plena Guerra de V generación.

En Venezuela tenemos ya demasiados ejemplos de estas acciones. Para que una potencia enemiga patrocine resistencia e insurgencia es necesario, primero: que el gobierno del país objetivo esté debilitado. Segundo: Que haya voluntad real de resistencia. Tercero: Que existan terrenos físicos favorables para la sustentación de la acción subversiva. Cuarto: Que exista la voluntad real de los grupos opositores internos del país de cooperar con Estados Unidos, que sus intereses e ideologías sean compatibles con los Estados Unidos; que los opositores dispongan de un liderazgo, credibilidad y capacidad de movilización.

Todo lo discernido sobre la guerra no convencional fue publicado en el 2011 contra el coronel Gadafi, en Libia, y por supuesto resultó, y los medios de comunicación fueron parte esencial.

El mando militar estadounidense valora la forma de agresión allí aplicada de la siguiente manera y cito: "El derrocamiento del gobierno libio fue considerado una muestra de que el enfoque multilateral y con un despliegue mínimo de fueras empleado por la administración Obama para el cambio de régimen, es más efectivo que el despliegue de la gran cantidad de soldados que utilizó la administración Bush para invadir, ocupar y pacificar a Irak y a Afganistán".

El Irak de Saddam Hussein, era un país que funcionaba como un reloj suizo, Chiítas al Sur, Sunitas al centro, que eran los de él, kurdos al Norte. Los kurdos que ahora son noticia, tenían su propio parlamento, su propio sistema educativo, sus propios medios de comunicación, su propia Constitución local, y estaban muy felices. Pero los kurdos siempre fueron grandes guerreros, y si hay buena paga se pueden transformar en estupendos mercenarios.

"El hecho de que sean los libios los que se movilizan a Trípoli no sólo proporciona la base de legitimidad, sino también un contraste con las situaciones en las que un gobierno extranjero es el que ocupa".

"Consideramos más legítimo y efectivo para un cambio de gobierno que lo lleve a cabo un movimiento político interno y no Estados Unidos u otras potencias extranjeras".

Las tristes palabras del Premio Nobel de la Paz, Barack Obama, fueron, y cito: "En Libia la muerte de Muamar el Gadafi, mostró que nuestro papel en la protección del pueblo libio y nuestra ayuda para librarse de un tirano fueron hechos de forma correcta. Sin poner un solo miembro de las fuerzas de Estados Unidos en el terreno, hemos alcanzado nuestros objetivos".

Jamás se podría pasar por alto lo siguiente: La excandidata a la presidencia de los Estados Unidos, Hillary Clinton 'mente maestra' en primera línea de ese horror en Libia, por ser la Secretaria de Estado de Obama, a la manera imperial romana cuando Estados Unidos asesinó al coronel Gadafi, creyendo ella que las cámaras estaban apagadas porque era la charla antes de empezar un gran reportaje dijo: "We came, we saw, we died! Vinimos, vimos y murió". ¿Recuerdan? - sedienta de poder, asesina por vocación.

El presidente Hugo Chávez depositó su confianza en la Unión Cívico Militar para enfrentar una guerra no convencional. Desde el 2004 el comandante refiere más acabadamente la doctrina sobre la defensa integral de la Nación, refleja los rasgos estructurales de toda doctrina de guerra de defensa diseñada para disuadir o derrotar a un agresor mayor en número y mayor en tecnología en referencia a la guerra popular prolongada. ¿Quiénes fueron los maestros? Mao Tse-tung, Ho Chi Minh, en Asía, la guerra de todo el pueblo, no tan lejos, en Cuba.

En este planteamiento (La Doctrina de Defensa Integral de la Nación) se distingue: el fortalecimiento del componente militar de la Nación como número 1. Número 2: La consolidación y profundización de la Unión Cívico Militar. Número 3: La necesidad de participación popular masiva en la defensa integral de la Nación, y esto supone el uso de los medios de comunicación y nuestra labor como responsables comunicadores. Esta participación popular está legitimada por la noción de corresponsabilidad Estado-ciudadanos, principios contenidos en la Constitución de 1999, en sus Artículos: 4, 322 y 326.

Y el papel de la población civil para enfrentar una guerra no convencional: la tarea de la población civil en la guerra no convencional es la de repeler esta forma de lucha a través de formación ideológica y política que fortalezcan la voluntad para no caer en las trampas de tales esquemas de guerra asimétrica, en la preparación en tiempos de paz para la defensa de la Patria, en la lucha no armada, y esto cobra importancia ante la amenaza que constituye la reciente renovación del decreto de Obama declarando a Venezuela una amenaza para la seguridad de los Estados Unidos. Referido a esto queda una pregunta: – ¿Quiénes han invadido centenares de países después de la segunda guerra mundial? ¿Quién tiene cerca de 800 bases militares alrededor del mundo con un coste en mantenimiento anual de 100.000 millones de dólares?

– Debo decir con responsabilidad: Ellos sí son una amenaza para la humanidad.

Por cierto, – yo estuve allí haciendo historia [junto al Comandante Chávez]. No me lo contaron, yo lo viví. Aquí hago un parentisis breve y les cuento:

– Recuerdo que finalicé mi carrera universitaria a los 21 años, lógicamente ingresé a la universidad a los 16 con mucho esmero, entusiasmo y humildad (pero esa es otra historia); la que deseo contar comienza en el 2007, cuando por causalidades de la vida fui premeditadamente seleccionado por el Presidente Hugo Chávez para pertenecer a uno de los proyectos más ambiciosos, interesantes y estratégicos para la nación; fue allí cuando por la inmensa sabiduría del Comandante iniciamos la creación de la Primera Escuela de Pensamiento estratégico para la Izquierda Latinoamericana ('Think Tank' – pero para la paz de la Región), un proyecto inédito y secreto que permitiría resguardar los intereses de la nación bajo un estricto esquema de planificación estratégica, táctica y visión geopolítica. ¿Nuestro enemigo a vencer? – La guerra de Cuarta Generación contra Venezuela.

Tuve la oportunidad de conocer al Comandante Chávez y recibir de él magistrales clases y orientaciones para la defensa de la Patria. Junto a mí, estaban muchos compañeros con inimaginables talentos y actitudes; en general teníamos en común una juventud predominante junto a una lealtad absoluta, el mismo presidente asumía (con extrema certeza) que esa generación serían los guardianes del país por lo menos para los próximos 20 años (así estaba concebido).

Allí en esa escuela nacieron las grandes estrategias políticas, económicas, sociales e ideológicas que enmarcaron la Revolución Bolivariana con una proyección de 5 años, ése era el período de validez de las estrategias planteadas con su respectivo plan de acción.

Para que tengan una idea, los temas tratados fueron: nacionalización de empresas estratégicas de la nación que estaban en manos de capitales privados (Faja Petrolífera del Orinoco, CORPOELEC, CEMEX, etc.), la proyección de la caída del precio del barril de petróleo producto del aumento de producción de EE.UU. por el fenómeno 'Fracking' (fracturación hidráulica), la certificación de las reservas de hidrocarburos líquidos por un organismo internacional, el ingreso de Venezuela al MERCOSUR y al Consejo de Seguridad de la ONU, entre otros aspectos que escapan de mis pensamientos en estos momentos, pero puedo decir a 10 años de aquel inicio: – Fue la mejor experiencia vivida, un intensivo de aprendizaje y aportes que me permiten decir: [Yo estuve allí haciendo historia].

A mis 30 años, puedo recomendar que es justo y necesario reactivar, promover y reimpulsar nuevas escuelas de pensamientos para la defensa de la nación.

Para finalizar, del Comandante Chávez aprendí:

1.- A romper paradigmas.
2.- De que la experiencia no es sinónimo de edad.
3.- Los jóvenes no necesitamos envejecer para ser alguien en la vida.
4.- Mantener en todo tiempo la humildad más pura.

Y les recuerdo: he vendido a nivel mundial varias cifras en libros (número 10 en ventas mundiales de mi compañía de libros actual), siendo el libro más destacado: [La Cara Oculta de la Geopolítica Mundial]. – Soy un estratega extremadamente silencioso que mira cosas y actúo de la manera más sigilosa, dejando que mis logros hagan ruido. –sin perder jamás la humanidad–

Galeano decía: "personas pequeñas, en lugares pequeños, haciendo cosas pequeñas pueden cambiar el mundo" – Y yo tomé su palabra. Fin de la cita.

Fin del paréntesis...

... Continuamos.

La preparación desde tiempo de paz para la defensa de la Patria en lucha no armada: esto cobra importancia ante la amenaza que constituye la reciente renovación del Decreto de Obama declarando a Venezuela una amenaza para la seguridad de Estados Unidos; el ejercicio Independencia II 2016 es un buen ejemplo de esto, para "promover el rol protagónico de los venezolanos en la defensa del país", como lo expresó la Almiranta Carmen Meléndez y según manifestó el General en Jefe Vladimir Padrino López: "Los ejercicios tienen un carácter integral porque no solamente van poder ser manifiesto de la lucha armada sino también se incorpora el pueblo organizado en la defensa".

Las fases en la relación de la guerra no convencional son: Primera: Fase preparatoria. Segunda: Subversión violenta no armada. Tercera: Insurgencia armada. Cuarta: Apoyo militar convencional a la insurgencia armada. La primera fase alude a los esfuerzos del enemigo enfocados en la promoción, impulso, desarrollo y consolidación de un movimiento subversivo interno mediante la realización de acciones de carácter no violento. El objetivo es potenciar la insatisfacción con la conducción política, económica y social del gobierno; traducirla en deseo de cambios ideológicos o de otro tipo en el país, identificar y formar líderes de la contrarevolución, y todo esto se basa en la utilización de los medios de comunicación. Las acciones se realizan en el campo informativo, en primer lugar, económico, diplomático, psicológico y de inteligencia. Las acciones consisten en exacerbar inconformidades de la población respecto al desempeño del Gobierno, amplificar sus vulnerabilidades y su supuesta falta de voluntad, o su supuesta incapacidad para resolverlas con efectividad en plazos aceptables. ¿Esto acaso no es lo que hemos visto en Venezuela?

En mi libro anterior en el capítulo referente al 'Plan Cóndor en América Latina' hice insistente alusión a acciones similares aplicadas a partir de 1970 en Chile, al candidato presidencial Salvador Allende, en función de resaltar el paralelismo con lo que ha venido pasando en Venezuela, todo terminó con el asesinato del doctor Salvador Allende en el Palacio de la Moneda, presentado por algunos como suicidio, queda la duda, resalta la execrable actuación de los grandes conglomerados periodísticos como El Mercurio, fueron parte del Teatro de Operaciones paralelo a la crisis, bombardearon permanentemente la conciencia del público.

A todos ustedes que leen estas sinceras líneas, es urgente redoblar los esfuerzos para eliminar, de raíz, la evidente amenaza contra Venezuela, estamos siendo víctimas de materializados ataques con eficaces herramientas periodísticas, mediáticas, comunicacionales y de tecnología avanzada de las telecomunicaciones. Permítanme recordar algo, no olviden que la Internet que ahora todos tenemos era antes un secreto y un arma militar, si nos la dejaron suelta es porque hay algo mucho mejor.

Desestabilización del sistema político, primero: campañas mediáticas de actores económicos y políticos para manipular y desinformar a la población creando incertidumbre y dudas. ¿Coincidencias?

Segundo, campañas mediáticas nacionales e internacionales planificadas por potencias hegemónicas para descalificar y desconocer a los poderes legítimamente constituidos. ¿Algún parecido con la realidad?

Tercero, pronunciamiento mediático de actores políticos nacionales e internacionales contra la gestión del gobierno revolucionario, desestabilización en lo psicológico, empleo de operaciones psicológicas (Opsic) para desestabilizar a las masas. Planificación y ejecución de campañas de operaciones psicológicas a través de guerra mediática, con la finalidad de contribuir con la extrema derecha en sus planes de desestabilización del gobierno legalmente constituido, especialmente mediante acciones de calle con el empleo de medios de comunicación; empleo de medios tecnológicos y comunicacionales con fines de manipular y confundir a la población, generación de matrices de opinión pública que tiene por destino otros países, con el fin de deslegitimar la imagen del gobierno nacional.

Cuarto, publicaciones falsas de escenas de hechos, de crímenes, afán de crear nerviosismo en la población. - Venezuela es el país de América Latina más mencionado en los medios internacionales, y estoy seguro que el 99% de las noticias son para infundir horror, lástima y evidentemente una brutal "crisis humanitaria". - Aquí es cuándo haciendo uso de mis estadísticas y visión geopolítica pregunto: ¿Y los 4 millones de sirios desplazados por la guerra?, por cierto una guerra consecuencia de la negación del Gobierno Sirio de permitir la construcción de un gasoducto de 10.000 millones de dólares que pasara por su territorio para enviar gas a Europa. ¿Será esa cifra insuficiente para los grandes jerarcas de los organismos internacionales? - Estimados lectores, estamos viviendo en un mundo distópico.

Quinto, canalización y manipulación de información, con la finalidad de crear una matriz de opinión negativa, con referencia a la política de Estados Unidos por el gobierno legalmente elegido por el pueblo.

Las gravísimas amenazas en el ámbito social y económico que el imperio ha materializado en Venezuela, la provocada escasez y acaparamiento de alimentos, medicamentos y productos de todo orden y el sabotaje en su distribución, sólo referencialmente se aludirá a la importante categoría guerra psicológica que se tratará en los próximos capítulos y se responderán muy fácilmente preguntas como: ¿qué es la guerra psicológica?, ¿en qué se diferencia un hecho real de la guerra psicológica?, ¿cuál es el rol del rumor en esta estrategia?, ¿qué hacen los medios de comunicación?, ¿qué se persigue?, ¿cuáles son los blancos de la guerra?, ¿es solamente el pueblo afecto a la Revolución Bolivariana el objetivo?, ¿cuáles son los sectores más vulnerables?, ¿cuál es la percepción en este momento?, ¿cuál es la percepción en este contexto?, ¿es una percepción caótica en esta materia de guerra psicológica?

Destacan también los trabajos de los doctores Sierra Caballero, de España; y de Peña Casas Jimena, de Cuba, acerca de una especial categoría de la guerra simbólica, nuestro hermano, amigo y filósofo mexicano doctor Fernando Buen Abad, cito: "Es la lucha de clases que también se libra con valores, con ideas y con signos en la cabeza, en los corazones, agudizada por la burguesía para tergiversar los valores sociales, hacer invisibles las cosas que realmente valen como el trabajo e imponernos como valiosas las mercancías y costumbres que la burguesía ha pergeniado para enriquecerse, aunque seamos nosotros quienes las producimos. Guerra apuntalada también con misiles, cañones, metrallas y golpizas, con terrorismo financiero, chantaje inversionista y vampirismo bancario, sus armas estratégicas son entre otras los medios de comunicación, es el trabajo sucio del capitalismo para derrotarnos anímicamente".

En Venezuela no se defiende lo que no se conoce, un país que vive del petróleo, carece de una formación en esta materia en los diversos niveles educativos, una formación a fondo. El antropólogo y escritor José Negrón Valera dice: "La formación en estas y otras materias capitales y propias de nuestra nación, debe comenzar desde la mismísima educación inicial hasta el post doctorado, esa es una medida revolucionaria y de defensa de la nación".

También refiere este intelectual que necesitamos con urgencia dejar de ser pasivos consumistas de tecnología y realizar y ejecutar propuestas contrahegemónicas. Por ejemplo, ¿dónde está la contrahegemónica propuesta a las redes digitales estadounidenses? Tenemos Telesur, Radio del Sur, y Red Sur, la Red Social del Sur, que podríamos tener con nuestra propia tecnología y que refleje las prácticas estéticas e idiosincrasia de los pueblos del sur.

Estimados septipensantes [como decía mi maestro Eduardo Galeano], sí podemos derrotar la guerra económica y la guerra psicológica, ambas son ejecución de la guerra no convencional y en lo mediático lo podemos lograr con políticas comunicacionales eficaces y que deben de una vez por todas concebirse y ejecutarse y tenemos las siguientes páginas por leer, y seguramente en los que muchos otros estudiosos que aún no conocemos. Como dijese un amigo: – ¡Que daño está haciendo el imperio con la poderosísima maquinaria "informativa" que están moviendo!... Definitivamente una herramienta en las manos equivocadas se puede convertir en un arma de destrucción masiva – Y mientras eso ocurre: estamos con una conciencia dormida y esclava al sistema actual [y nos sentimos muy cómodos]. – El mundo arde en llamas.

¿Comenzamos?

Pasa la página y acompáñame a entender el voraz ataque contra millones que benefician a lo mucho a unas 80 personas [sí ellos, los más poderosos]

CONTROL MENTAL POR LOS MEDIOS DE COMUNICACIÓN

«Hoy en día el escritor que quiera combatir la mentira y la ignorancia y quiere decir la verdad debe luchar al menos con cinco dificultades. Precisa coraje para decir la verdad que en todas partes está sofocada. Inteligencia para reconocerla dado que en todas partes está escondida. El arte de tornarla manejable como un arma. Suficiente criterio para elegir a aquellos en cuyas manos será eficaz. Y finalmente suficiente astucia para difundirla entre ellos» Bertolt Brech

En alguna entrevista me preguntaron: Raúl, ¿cuál es el arma de destrucción masiva en la actualidad? Sin dudar un milisegundo respondí: – los poderosos medios de comunicación, ellos son tan letales que pueden transformar la paz en guerra, el amor en odio, y fomentar la desestabilización de cualquier sistema político.

Por eso lo vuelvo a repetir: «los medios de comunicación es la herramienta más poderosa usada por la clase dominante para manipular a las masas. Le da forma y moldea las opiniones y actitudes, y define lo que es normal y aceptable». Este capítulo analiza el funcionamiento de los medios de comunicación a través de las teorías de sus principales pensadores, su estructura de poder y de las técnicas que utiliza, con el fin de comprender su verdadero papel en la sociedad.

– **Continúo.**

A partir de los años veinte un medio logra mayor alcance hasta conseguir la supremacía al final de la década de los cuarenta. Se trata de la radio, que se desarrolla a principios de los años treinta y narra la evolución de los conflictos. En esa época, los Estados esencialmente totalitarios como Italia y Alemania y, por otro lado, también EE.UU., van a hacer de la radio un instrumento de propaganda.

¿El objetivo primordial de la radio? – convencer a la opinión pública. La idea principal es que una guerra no sólo se gana en el campo de batalla, sino también cuando se conquista el corazón de la población [y sus mentes], que constituye la retaguardia del que está combatiendo. De ahí que las guerras mediáticas hayan cobrado tanta importancia con el tiempo, para que en primer lugar los mismos combatientes sepan por qué están luchando y, segundo, para que, la opinión pública apoye este tipo de combate.

Los medios de comunicación que comparten estos objetivos en los años cuarenta son la radio y el cine. Durante esta época vimos cómo EE.UU. decide intervenir en el segundo conflicto mundial y cómo el propio Pentágono se hace productor de cine, reclutando a los mejores directores de Hollywood para realizar una serie de películas llamadas "¿Por qué están combatiendo?", que se proyectan en todas las salas del país. Estos tratan de explicar al público por qué se ha de intervenir si inicialmente la opinión pública estadounidense no era intervencionista. La principal propaganda se dirige al propio público, para que conozca lo justo del combate y no del adversario. Se crea una relación gobierno/opinión pública tan fuerte que es difícil tener un criterio contrario u hostil a la intervención.

Los grandes medios de comunicación crean una cohesión nacional respecto a la guerra −que debe evitar cualquier tipo de fractura− y, en particular, una relación de apoyo al gobierno. Se manejan elementos de carácter emocional, que aparecen en esto momento y conducen a silenciar cualquier expresión de disidencia. Esta situación se confirma en la segunda guerra mundial con la intervención de EE.UU., ampliamente apoyada por los medios de comunicación. Washington prohíbe que se haga propaganda, o las expresiones de solidaridad hacia la Alemania nazi, la Italia fascista o el Japón imperialista, es decir, se acepta la idea de que hay una plena solidaridad. Dentro de este marco −la tradición estadounidense permite criticar la manera en que se desarrolla la guerra−, a prensa va a denunciar fuertemente al general Patton por su violencia y forma de conducir las ofensivas que cuestan demasiadas vidas.

La guerra de Corea es la primera en la que la televisión tiene un papel importante. El conflicto estalla a principios do los años 50, cuando en EE.UU. la televisión ya es el medio dominante. En esta guerra los espectadores ven en televisión una confrontación típica de la guerra fría, de ideologías enfrentadas, anticomunista y, para el contexto estadounidense, antiamarillista. La versión de la guerra que se plantea es unánime, tanto la que presentan los medios de comunicación escritos como los audiovisuales. La victoria la plasman en las películas de los años 50.

La fusión de las empresas de medios de comunicación en las últimas décadas generó una pequeña oligarquía de conglomerados de medios. La televisión muestra que seguimos, la música que escuchamos, las películas que vemos y los periódicos que leemos son producidos por cinco empresas. Los propietarios de estos conglomerados tienen estrechos lazos con la élite del mundo y, en muchos sentidos, son la élite. Al ser propietario de todas las posibles salidas que tienen el potencial de llegar a las masas, estos conglomerados tienen el poder de crear en la mente de las personas una sola y coherente visión del mundo, generando una "estandarización del pensamiento humano".

Incluso los movimientos o estilos que son considerados marginales son, de hecho, las extensiones del pensamiento dominante. Los medios de comunicación de masas producen sus propios rebeldes, pero siguen siendo parte de la creación y no cuestionan nada. Los artistas, creaciones e ideas que no encajan en la forma corriente de pensamiento son despiadadamente rechazados y olvidados por los conglomerados, que a su vez hace su virtual desaparición de la propia sociedad. Sin embargo, las ideas que se consideran válidas y deseables para ser aceptadas por la sociedad son hábilmente comercializadas a las masas con el fin de hacer que se conviertan norma evidente.

En 1924 el brillante autor ruso Yevgeny Zamyatin, anticipando los excesos de la joven Unión Soviética, describió un mundo en el que el pueblo era controlado mediante un omnipresente monitoreo. Las paredes de las casas eran de cristal transparente de modo que pudiera observarse todo lo que hicieran quienes vivieran en ellas. Las personas tenían permitido bajar las persianas una hora por día para que tuvieran relaciones sexuales, aunque tanto el momento de los encuentros como la identidad de los amantes debían ser registrados previamente en las oficinas del Estado. En 1928, Edward Bernays ya vio el inmenso potencial de las imágenes en movimiento para estandarizar el pensamiento:

"La película estadounidense es el mayor portador inconsciente de la propaganda en el mundo de hoy. Es un gran distribuidor de ideas y opiniones. La película puede estandarizar las ideas y costumbres de una nación. Debido a que las imágenes se hacen para satisfacer las demandas del mercado, reflejan, enfatizan e incluso exageran amplias tendencias populares, en lugar de estimular nuevas ideas y opiniones. La película se vale sólo de ideas y hechos que están de moda".

En el ensayo y éxito editorial Las formas ocultas de la propaganda (de 1957) - reeditado recientemente con motivo del 50° aniversario de la primera edición- el periodista estadounidense Vance Packard describió un "extraño y más bien exótico" tipo de influencia que estaba surgiendo rápidamente en Estados Unidos y que, en cierto modo, era más amenazador que las categorías de control imaginadas en las ficciones mencionadas más arriba. Según Packard, los ejecutivos corporativos y los políticos estadounidenses estaban empezando a emplear métodos sutiles y, en muchos casos, completamente indetectables para cambiar el pensamiento, las emociones y el comportamiento de las personas. Estos métodos estaban basados en la psiquiatría y las ciencias sociales.

Muchos hemos oído hablar de al menos uno de esos métodos: la estimulación subliminal, o lo que Packard denominó "efectos por debajo del umbral": la presentación de mensajes muy breves que nos dicen qué debemos hacer aunque sean tan breves -una fracción de segundo- que no tenemos conciencia de haberlos visto. En 1958, empujada por la preocupación de los espectadores de un cine de New Jersey, que habría introducido mensajes ocultos en una película para aumentar la venta de helados, la Asociación Nacional de Locutores -la asociación que establece las normas para la televisión de Estados Unidos- cambió sus criterios para prohibir el uso de mensajes subliminales. En 1974, la Comisión Federal de Comunicaciones consideró que la utilización de ese tipo de mensajes era "contraria al interés público". En el Congreso de Estados Unidos también se presentaron proyectos de ley para prohibir los mensajes subliminales pero nunca fueron promulgados. Tanto Reino Unido como Australia tienen leyes que los prohíben estrictamente.

Es probable que la estimulación subliminal todavía se use profusamente en Estados Unidos – después de todo, su detección es difícil, y nadie está ocupándose de seguirle los pasos–, pero es posible que no valga la pena preocuparse de ella. Algunas investigaciones sugieren que su impacto es pequeño y que ejerce influencia sobre todo en las personas que ya están motivadas para seguir sus dictados; la orden subliminal de beber afecta a quienes tienen sed.

No obstante, Packard dejó al descubierto un problema mucho más importante; concretamente, que las corporaciones más poderosas buscaban sin parar, y en muchos casos ya estaban aplicando, una gran variedad de técnicas de control de las personas sin su conocimiento. Packard describió una maquinación en la que los comerciantes trabajaban en estrecha colaboración con científicos sociales para encontrar, entre otras cosas, la forma de conseguir que la gente comprara cosas que no necesitaba y de condicionar a los niños pequeños para que se convirtieran en buenos consumidores -unas inclinaciones que habían sido explícitamente cultivadas y entrenadas en el Mundo feliz, de Huxley-. Aconsejados por las ciencias sociales, los comerciantes aprendieron rápidamente los procedimientos para aprovechar las inseguridades, las flaquezas, los temores inconscientes, la agresividad y el deseo sexual de las personas, para modificar su forma de pensar, sus emociones y comportamientos sin que ellas tengan conciencia de que son manipuladas.

Según Packard, a principios de los cincuenta los políticos captaron el mensaje y empezaron a venderse como si fueran una mercancía, utilizando las mismas fuerzas sutiles que se habían usado para vender un jabón. Encabezó el capítulo dedicado a los políticos con esta inquietante cita del economista inglés Kenneth Boulding: "Es concebible un mundo de dictadores ocultos que continúen empleando formas democráticas de gobierno". ¿Podría pasar esto, realmente?, y de ser así, ¿cómo funcionaría?

A medida que ha ido pasando el tiempo, las fuerzas descritas por Packard se han hecho aún más sutiles. La música relajante que oímos en el supermercado hace que caminemos más lentamente y compremos más alimentos, los necesitemos o no. Muchos de los insustanciales pensamientos e intensos sentimientos que viven nuestros adolescentes desde que se levantan hasta que se acuestan están cuidadosamente orquestados por habilísimos profesionales del marketing que trabajan en las industrias de la moda y el entretenimiento. Los políticos trabajan con una gran variedad de consultores que estudian cada cosa que hace su jefe con el propósito de que atraiga un votante más; la vestimenta, la entonación, la expresión facial, el maquillaje, el peinado y el discurso; todo es optimizado al máximo, tal como se hace con el envase del cereal para el desayuno.

Afortunadamente, todas esas fuentes de influencia operan en mutua competencia. Algunos tratan de convencernos de que compremos o creamos una cosas determinada; otros, que compremos o creamos otra distinta. Es la naturaleza competitiva de nuestra sociedad la que nos permite, después de todo, una relativa libertad.

Pero, ¿qué pasaría si empezaran a surgir unas nuevas formas de control que compitieran poco o nada entre ellas? ¿Y qué pasaría si se desarrollaran nuevas herramientas de control que fueran mucho más potentes -y mucho más invisibles- que cualquier otra del pasado? ¿Y qué pasaría si los nuevos instrumentos de control permitieran que un puñado de gente ejerciera una enorme influencia no solo sobre los ciudadanos de Estados Unidos sino sobre la mayoría de los habitantes de la Tierra?

MANIPULACIÓN

La programación a través de medios de comunicación de las masas son métodos diseñados para llegar a la mayor audiencia posible y hacer mella tanto en su consciente como en su subconsciente. Ellos disponen de televisión, películas, radio, periódicos, revistas, libros, discos, videojuegos, internet y, por supuesto las poderosísimas redes sociales. Muchos estudios se han realizado en el siglo pasado para medir los efectos de los medios de comunicación sobre la población con el fin de descubrir las mejores técnicas para influir en él. De estos estudios surgió la ciencia de la comunicación, que hoy en día se utiliza en el marketing [herramienta muy eficaz], las relaciones públicas y la política. La comunicación de masas es un instrumento necesario tanto para asegurar la funcionalidad de una gran democracia, como también puede ser una herramienta necesaria para una "dictadura". Todo depende de su uso –como todo–. En el prefacio de «A Brave New World» (Un mundo feliz), Aldous Huxley pinta un retrato más bien sombrío de la sociedad. Él cree que es controlada por una "fuerza impersonal", una elite gobernante, que manipula a la población mediante diversos métodos, y por supuesto estoy de acuerdo con su hipótesis.

Fíjense: "Las fuerzas impersonales sobre las que no tenemos casi ningún control parecen estar empujando a todos nosotros en la dirección de la pesadilla de un mundo feliz, y este empuje impersonal está siendo acelerado conscientemente por los representantes de las organizaciones comerciales y políticos que han desarrollado una serie de nuevas técnicas para manipular, en el interés de algunas minorías, los pensamientos y sentimientos de las masas".

Una sola pieza de los medios de comunicación a menudo no tiene un efecto duradero en la psique humana. Los medios de comunicación, sin embargo, por su naturaleza omnipresente, crea un ambiente de vida y nosotros evolucionamos sobre ese ambiente. Se define en la norma y excluye a los indeseables. De la misma forma los caballos de carro llevan anteojeras para que sólo pueden ver lo que está justo en frente de ellos, las masas sólo puede ver donde se supone que deben ir.

"Se trata de la aparición de los medios de comunicación que hace posible el uso de técnicas de propaganda en una escala social. La orquestación de la prensa, la radio y la televisión para crear un entorno continuo y duradero que hace que la influencia de la propaganda pase prácticamente desapercibido precisamente porque crea un ambiente constante. Los medios de comunicación constituye el vínculo esencial entre el individuo y las exigencias de la sociedad tecnológica".

«Aldous Huxley, su sombría perspectiva» no es una simple hipótesis o un delirio paranoico, es un hecho documentado, presente en los estudios más importantes del mundo en los medios de comunicación. Éstos son algunos de ellos:

Carl Jung, El concepto del inconsciente colectivo

Edward Bernays es considerado como el "padre de las relaciones públicas" y utilizó los conceptos descubiertos por su tío Sigmund Freud para manipular al público con el subconsciente. Comparte la opinión de Walter Lippmann de que la población en general, se puede considerar irracional y con sujeción al "instinto de manada". En su opinión, las masas deben ser manipuladas por un gobierno invisible para asegurar la supervivencia de la democracia.

El inconsciente colectivo transpira a través de la existencia de símbolos similares y figuras mitológicas de diferentes civilizaciones. Los símbolos arquetípicos parecen estar incrustados en nuestro subconsciente colectivo y, cuando se expone a ellos, demostramos atractivo natural y fascinación. Por lo tanto, los símbolos ocultos pueden ejercer un gran impacto en las personas, aunque las personas nunca hayan sido introducidas en el significado esotérico del símbolo.
"La manipulación consciente e inteligente de los hábitos organizados y las opiniones de las masas es un elemento importante en la sociedad democrática. Aquellos que manipulan este mecanismo

invisible de la sociedad constituyen un gobierno invisible que es el verdadero poder gobernante de nuestro país.

Es por ellos que somos gobernados, nuestras mentes son moldeadas, nuestros gustos formados, nuestras ideas sugeridas, en gran medida por hombres que nunca hemos oído hablar. Este es un resultado lógico de la forma en que está organizada nuestra sociedad democrática. Un gran número de seres humanos deben cooperar de esta manera si se van a vivir juntos como una sociedad que funcione sin problemas. Nuestros gobernantes invisibles, en muchos casos, desconocen la identidad de sus compañeros en el gabinete interior". ¿Existe un gobierno invisible? - Daniel Estulin sí sabe de eso.

Edward Bernays, La Propaganda

Las campañas de marketing pioneras de Bernay cambiaron profundamente el funcionamiento de la sociedad estadounidense. Él básicamente creó el "consumismo" mediante la creación de una cultura en la que los estadounidenses compraron por placer en vez de comprar para la supervivencia. Por esta razón, fue considerado por la revista Life de estar en el Top 100 de los estadounidenses más influyentes del siglo 20.

En 1939-1940, la Universidad de Chicago fue el anfitrión de una serie de seminarios sobre las comunicaciones secretas. Estos centros de investigación fueron financiados por la Fundación Rockefeller y participaron los investigadores más destacados en los campos de las comunicaciones y sociológicos .Uno de estos estudiosos fue Harold Lasswell, un politólogo estadounidense y líder en la teórica de las comunicaciones, que se especializó en el análisis de la propaganda.

Él también era de la opinión de que una democracia, un gobierno regido por el pueblo, no podía sostenerse sin una formación de élite especializada y moldear la opinión pública a través de la propaganda. En su Enciclopedia de las Ciencias Sociales, Lasswell explicó que cuando las élites no tienen la fuerza necesaria para obligar a la obediencia, los administradores sociales deben recurrir a " una nueva técnica de todo el control, en gran parte a través de la propaganda", y agregó la justificación convencional: hay que reconocer la "ignorancia y la estupidez... de las masas y no sucumbir a los dogmatismos democráticos acerca de los hombres son los mejores jueces de sus propios intereses".

Lasswell estudió ampliamente el campo de análisis de contenido con el fin de comprender la eficacia de los diferentes tipos de propaganda. En su ensayo El contenido de la comunicación, Lasswell explicó que, con el fin de comprender el significado de un mensaje (por ejemplo, una película, un discurso, un libro, etc.), se debe tener en cuenta la frecuencia con la que ciertos símbolos aparecen en el mensaje, la dirección en la que los símbolos tratan de persuadir a la opinión de la audiencia, y la intensidad de los símbolos utilizados.

Estos hechos fueron señalados como un peligro para la libertad humana en la década de 1930 por los pensadores de la Escuela de Frankfurt, como Theodor Adorno y Herbert Marcuse. Ellos identificaron tres problemas principales con la industria cultural. La industria puede:

▪ Minimizar a los seres humanos al estado de masa al obstaculizar el desarrollo de individuos emancipados, que son capaces de tomar decisiones racionales.
▪ Reemplazar la unidad de legítima autonomía y conciencia de sí mismo por la pereza segura del conformismo y la pasividad.
▪ Validar la idea de que los hombres, en realidad tratan de escapar del mundo absurdo y cruel en la que viven perdiéndose en un auto satisfactorio estado hipnótico.
La noción de escapismo es aún más relevante hoy en día con la llegada de los juegos de vídeo en línea, películas en 3D y los cines domésticos. Las masas, buscando constantemente el entretenimiento de última generación, recurrirán a los productos de alto presupuesto que sólo pueden ser producidos por las grandes corporaciones de medios de comunicación del mundo. Estos productos contienen mensajes y símbolos cuidadosamente calculados, que son nada más y nada menos que difundir la propaganda. El

público se ha capacitado a amar su propaganda en la medida en que se gasta su dinero ganado para ser expuestos a la misma. La propaganda (utilizado tanto en sentido político, cultural y comercial) ya no es la coacción o la forma de comunicación de autoridad que se encuentra en las dictaduras: se ha convertido en el sinónimo de entretenimiento y placer.

"En lo que respecta a la propaganda de los primeros defensores de la alfabetización universal y una prensa libre prevén sólo dos posibilidades: la propaganda puede ser cierta, o podría ser falsa. No previeron lo que en realidad ha sucedido, sobre todo en nuestras democracias capitalistas occidentales – el desarrollo de una gran industria de la comunicación de masas, que no trate como principal que la posibilidad sea verdadero o falso, sino con lo irreal que sea más o menos totalmente irrelevante . En una palabra, que no tuvieron en cuenta el apetito casi infinito del hombre por las distracciones".

Los resultados de esos estudios se aplican a los anuncios, películas, videos musicales y otros medios de comunicación con el fin de que sean lo más influyente de lo posible. El arte de la comercialización está muy científicamente calculado ya que debe llegar tanto al individuo como a la conciencia colectiva. En los productos culturales de alto presupuesto, un video no es "sólo un vídeo," Imágenes, símbolos y significados se colocan estratégicamente con el fin de generar un efecto deseado".

"Es con el conocimiento del ser humano, sus tendencias, sus deseos, sus necesidades, sus mecanismos psíquicos, sus automatismos, así como el conocimiento de la psicología social y la psicología analítica que la propaganda refina sus técnicas".
Walter Lippmann, la Opinión Pública

Un intelectual, escritor y dos veces ganador del Premio Pulitzer produjo uno de los primeros trabajos relativos a la utilización de los medios de comunicación en Estados Unidos. En la Opinión Pública (1922), Lippmann compara a las masas como una "gran bestia" y un "rebaño desconcertado" que necesitaba ser guiado por una clase gobernante. Describió a la élite gobernante como "una clase especializada cuyos intereses llegan más allá de la localidad". Esta clase se compone de expertos, especialistas y burócratas. Según Lippmann, los expertos, que a menudo se hace referencia como "élites", han de ser una maquinaria de conocimiento que sortea el defecto primario de la democracia, el ideal imposible del "ciudadano incompetente." El rugiente "rebaño desconcertado" tiene su función: ser "los espectadores interesados de la acción", es decir, no participantes. La participación es el deber del "hombre responsable", que no es el ciudadano común. Los medios de comunicación y la propaganda son por lo tanto las herramientas que deben ser utilizadas por la élite para gobernar el público sin la coerción física. Un concepto importante presentado por Lippmann es la "fabricación del consenso", que es, en definitiva, la manipulación de la opinión pública a aceptar la agenda de la élite. Es de la opinión de Lippmann que el público en general no está capacitado para razonar y decidir sobre cuestiones importantes. Por tanto, es importante para la élite decidir qué es la verdad "por su propio bien", y luego vender esas decisiones a las masas.

"Que la fabricación del consentimiento es capaz de grandes mejoras, nadie lo puede negar. El proceso por el cual se presentan las opiniones del público es, sin duda no menos complicado de lo que ha aparecido en estas páginas, y las oportunidades para la manipulación abierta a cualquier persona que entienda el proceso es bastante simple, como resultado de la investigación psicológica, junto con los medios modernos de comunicación, la práctica de la democracia ha dado un vuelco. Una revolución está teniendo lugar, infinitamente más importante que cualquier desplazamiento del poder económico, bajo el impacto de la propaganda, no necesariamente en el sentido siniestro de la palabra por sí sola, las viejas constantes de nuestro pensamiento se han convertido en variables. Ya no es posible, por ejemplo, creer en el dogma original, de la democracia, para que los conocimientos necesarios para la gestión de los asuntos humanos surge espontáneamente del corazón humano. Cuando actuamos de acuerdo con la teoría nos exponemos al autoengaño, y con formas de persuasión que no podemos verificar. Se ha demostrado que no podemos confiar en la intuición, la conciencia, o en la opinión informal si vamos a tratar con el mundo más allá de nuestro alcance".

Podría ser interesante observar que Lippmann es uno de los padres fundadores del Consejo de Relaciones Exteriores (CFR), el think tank más poderoso de la política exterior estadounidense -y por extensión a otros países-más influyente en el mundo. Este hecho debe darte un pequeño toque del estado de la mente de la élite en relación con la utilización de los medios de comunicación.

El poder político y económico de Estados Unidos se concentra en manos de una" élite gobernante" que controla la mayor parte de las empresas multinacionales con sede en Estados Unidos, grandes medios de comunicación, las fundaciones más influyentes, las principales universidades privadas y las utilidades más comunes. Fundado en 1921, el Consejo de Relaciones Exteriores es el vínculo clave entre las grandes corporaciones y el gobierno federal. Se le ha llamado una "escuela de estadistas" y "se acerca a ser un órgano de lo que C. Wright Mills ha llamado la Elite del Poder - un grupo de hombres, similar en intereses y perspectivas de configuración de los acontecimientos desde posiciones invulnerables detrás de las escenas. La creación de las Naciones Unidas fue un proyecto del Consejo, así como el Fondo Monetario Internacional y el Banco Mundial".

Michael A. Hoffman II, Sociedades Secretas y Guerra Psicológica

Examina los principales pensadores en el campo de los medios de comunicación, la estructura de poder de los medios y las técnicas utilizadas para manipular a las masas. Creo que esta información es vital para la comprensión del "por qué" de los temas tratados en Simbología no tan oculta. No es una "teoría de la conspiración" sino una realidad que se ha especificado claramente en las obras de algunos de los hombres más influyentes del siglo 20. Lippmann, Bernays y Lasswell todos han declarado que el público no está en condiciones de decidir su propio destino, que es el objetivo inherente de la democracia. En su lugar, pidieron una criptocracia, un gobierno oculto, una clase dirigente a cargo del "rebaño desconcertado". Tal como se siguen aplicando a la sociedad sus ideas, es cada vez más evidente que una población ignorante no es un obstáculo que los gobernantes deban tratar: Es algo que es deseable y, de hecho, es necesario, para asegurar una dirección total y unívoca. Una población ignorante no sabe sus derechos, no busca una mayor comprensión de los problemas y no cuestiona a las autoridades. Simplemente sigue las tendencias. La cultura popular abastece a la ignorancia y nutre al servir continuamente entretenimiento embrutecedor y poniendo de relieve las celebridades degeneradas para ser idolatradas. Mucha gente me pregunta: "¿Hay una manera de detener esto?" Sí, lo hay. Dejar de comprar su contenido y leer un buen libro [muy efectivo para combatir la ignorancia].

Steve Jacobson, Control Mental en los Estados Unidos

Algunos de los miembros actuales del Consejo de Relaciones Exteriores (CFR) incluyen a David Rockefeller [falleció en marzo de este año], Dick Cheney, Barack Obama, Hilary Clinton, el pastor de una mega iglesia, Rick Warren y los directores ejecutivos de las grandes empresas como CBS, Nike, Coca-Cola y Visa. Obviamente son también miembros del poderoso Club Bilderberg.

Carl Jung es el fundador de la psicología analítica, que hace hincapié en la comprensión de la psique mediante la exploración de los sueños, el arte, la mitología, la religión, los símbolos y la filosofía. El terapeuta suizo está en el origen de muchos conceptos psicológicos utilizados en la actualidad como el arquetipo, el Complejo, la Persona, el Introvertido / Extrovertido y la sincronicidad. Él fue muy influenciado por el fondo oculto de su familia. Carl Gustav, su abuelo, era un masón ferviente (fue un Gran Maestre) y el propio Jung descubrió que algunos de sus antepasados eran Rosacruces. Esto podría explicar su gran interés por la filosofía oriental y occidental, la alquimia, la astrología y el simbolismo.

Además de nuestra conciencia inmediata, que es de una naturaleza totalmente personal y que nosotros creemos que es la única psique empírica, existe un segundo sistema psíquico de naturaleza colectiva, universal e impersonal que es idéntico en todos los individuos. Este inconsciente colectivo no se desarrolla de forma individual, pero se hereda. Se compone de formas preexistentes, los arquetipos, los cuales sólo pueden llegar a ser conscientes en segundo lugar, y que darán forma definitiva a determinados contenidos psíquicos".

Aunque algunas fuentes afirman que la publicidad subliminal no es efectiva o incluso un mito urbano, el uso documentado de esta técnica en los medios de comunicación demuestra que los creadores creen en sus poderes. Estudios recientes también han demostrado su eficacia, especialmente cuando el mensaje es negativo.

Un ejemplo famoso de mensajes subliminales en la comunicación política está en el anuncio de George Bush contra Al Gore en 2000. Justo después de que se menciona el nombre de Gore, el final de la palabra "burócratas"(burocrats) – "ratas" (rats) – parpadea en la pantalla durante una fracción de segundo. El descubrimiento de este engaño causado un gran revuelo y, aunque no hay leyes en contra de los mensajes subliminales en los EE.UU., el anuncio fue retirado. Los mensajes subliminales y semi-subliminales son utilizados a menudo en películas y videos musicales para transmitir mensajes e ideas a los espectadores.

Contrariamente a la información presentada anteriormente, la documentación sobre el simbolismo oculto es bastante difícil de encontrar. Esto no debería ser una sorpresa ya que el término "oculto", literalmente significa "oculto". También significa "reservado a los que saben", ya que sólo se comunica a los que sean juzgados dignos de la ciencia o sapiencia. No se enseña en las escuelas ni se discute en los medios de comunicación. Así pues, se considera marginal o incluso ridículo por la población en general.

Se considera eterno y sagrado. Hay una larga tradición de conocimiento hermético y oculto que se enseña a través de sociedades secretas procedentes de los antiguos egipcios, a los místicos orientales, a los Caballeros Templarios a los masones de hoy en día. Incluso si la naturaleza y la profundidad de este conocimiento fueron muy probablemente modificadas y alteradas a lo largo de los siglos, escuelas de misterios mantienen sus características principales, que son altamente simbólicas, rituales y metafísicas.

El "código más simple" ideado para las masas solía ser las religiones organizadas. Ahora son los Templos de los Medios de Comunicación y predica un materialismo extremo diariamente, egocéntrico y una existencia individualista. Esto es exactamente lo contrario de los atributos necesarios para convertirse en una persona verdaderamente libre, según lo enseñado por todas las grandes escuelas filosóficas del pensamiento. ¿Una población idiotizada es más fácil de engañar y manipular?

"A estos esclavos ciegos se les dice que son" libres "y" muy educados ", incluso a medida que marchan detrás de signos que harían que cualquier campesino medieval saliera corriendo lejos de ellos en el terror del pánico. Los símbolos que el hombre moderno abraza con la confianza ingenua de un niño sería equivalente a la siguiente lectura: 'Esta es mi manera de morir y ser esclavo' que es lo que realmente leerían los campesinos tradicionales de la antigüedad".

TÉCNICAS DE MANIPULACIÓN

El éxito de los medios de comunicación se debe a la gran cantidad de investigación sobre ciencias cognitivas y la naturaleza humana que se ha aplicado a la misma [Neurociencia, aplicada en la Guerra de V Generación, en el próximo capítulo será desarrollada con especial atención].

"La publicidad es el intento deliberado para gestionar la percepción del público sobre un sujeto. Los sujetos de la publicidad son las personas (por ejemplo, los políticos y los artistas), los bienes y servicios, las organizaciones de todo tipo, y las obras de arte o de entretenimiento".
La campaña para vender productos e ideas a las masas ha dado lugar a una cantidad sin precedentes en la investigación sobre el comportamiento humano y en la

psique humana. Las ciencias cognitivas, la psicología, la sociología, la semiótica, la lingüística y otras esferas conexas eran y siguen siendo investigados extensivamente a través de estudios bien financiados [los tanques de pensamientos ('Think Tank' en inglés), son los maestros en manipulación psicológica].

"Los equipos de anuncios tienen miles de millones para gastar anualmente en investigación y pruebas de reacciones, y sus productos son magníficas acumulaciones de material sobre la experiencia y los sentimientos de toda la comunidad que compartimos".

La propaganda de hoy casi nunca utiliza argumentos racionales o lógicos. Se conecta directamente con las necesidades y los instintos más primarios de un ser humano con el fin de generar una respuesta emocional e irracional. Los bebés y los niños se encuentran constantemente en los anuncios dirigidos a las mujeres por una razón específica: algunos estudios han demostrado que las imágenes de los niños disparan en las mujeres una necesidad instintiva de alimentar, cuidar y proteger, en última instancia conduce a un sesgo favorable hacia el anuncio. ¿Manipulación?

Y, por supuesto, el sexo está siempre presente en los medios de comunicación, ya que llama y mantiene la atención del espectador. Se conecta directamente a nuestra necesidad de los animales para criar y reproducirse, y, cuando se activa, este instinto puede eclipsar al instante cualquier otro pensamiento racional en nuestro cerebro.

– ¿Qué pasa si los mensajes descritos anteriormente fueron capaces de llegar directamente a la mente subconsciente de los espectadores, sin que los espectadores ni siquiera se dieran cuenta de lo que está sucediendo? – Ése es el objetivo de la percepción subliminal. La publicidad subliminal frase que fue acuñada en 1957 por el investigador de mercado de EE.UU. James Vicary, quien dijo que él podría conseguir que los espectadores "bebieran Coca-Cola" y "comieran palomitas de maíz" mediante el parpadeo de los mensajes en pantalla durante un tiempo tan corto que los espectadores no eran conscientes.

"La percepción subliminal es un proceso deliberado creado por técnicos de comunicaciones, por lo que recibe y responde a la información e instrucciones sin ser consciente de las instrucciones".

En el pasado, cuando se imponían cambios a la población ésta protestaba e incluso había disturbios. La razón principal de este choque se debió al hecho de que el cambio fue anunciado claramente y podía ser analizado y evaluado. Hoy, cuando la élite necesita una parte de su agenda sea aceptada por el público, se realiza a través de la desensibilización. En el orden del día, se presenta como lo que podría ir en contra de los mejores intereses públicos y es poco a poco, de forma gradual y de manera repetitiva remarcado a través de películas (mediante la participación dentro de la trama), videos (que lo hacen fresco y sexy) o las noticias (presentarlo como una solución a los problemas de hoy). Y después de varios años de exposición de las masas a un programa en particular, la élite presenta abiertamente el concepto y, debido a una programación mental, es recibido con indiferencia general y se acepta pasivamente. Esta técnica se origina a partir de la psicoterapia.

"Las técnicas de psicoterapia, ampliamente practicadas y aceptadas como medio de curación de los trastornos psicológicos, son también métodos para controlar a la gente. Pueden ser utilizados sistemáticamente para influir en las actitudes y el comportamiento. La desensibilización sistemática es un método usado para disolver la ansiedad por lo que el paciente (público) ya no está preocupado por un miedo específico, un temor a la violencia, por ejemplo. [...] La gente se adapta a situaciones aterradoras si se exponen a ellos lo suficiente".

Para entender cómo funcionan las nuevas herramientas y técnicas de control mental se necesita examinar los motores de búsqueda en Internet, sobre todo uno: el mayor y el mejor de todos ellos, concretamente 'Google'. El motor de búsqueda Google es tan bueno y tan popular que el nombre de la empresa se ha convertido en un verbo usado normalmente en todos los idiomas del mundo. 'Guglear' algo es buscarlo con el motor de búsqueda

Google; de hecho, así es como la mayoría de los usuarios de ordenadores de todo el mundo consiguen la mayor parte de la información que necesitan, en estos días prácticamente acerca de cualquier cosa. Estas personas guglean la información. Google ha llegado a ser la principal puerta de entrada de virtualmente todo el conocimiento, sobre todo porque el motor de búsqueda es muy bueno y nos da exactamente la información que estamos buscando, casi instantáneamente y casi siempre en la primera posición de la lista que aparece después de que lanzamos la búsqueda –la lista de 'resultados de la búsqueda'–.

La ordenación de esta lista es tan buena que, de hecho, alrededor del 50 por ciento de la que buscamos está en los dos primeros ítems y más del 90 por ciento entre los 10 ítems de la primera página de resultados; muy pocas personas miran las demás páginas de resultados, a pesar de que a menudo puede haber miles, es decir, es probable que ellas contengan mucha información valiosa. Google decide cuál –de los miles de millones de páginas web– será la página web que aparecerá en nuestra lista de resultados; también decide el orden en que las presentará. Cómo decide estas cosas es un secreto profundo y oscuro; uno de los mejor guardados del mundo, como la fórmula de la Coca-Cola.

Debido a que es muy probable que los navegantes lean los primeros ítems de la lista de resultados y hagan clic en alguno de ellos, las empresas están gastando miles de millones cada año tratando de engañar al algoritmo de búsqueda -el programa informático que selecciona y ordena los ítems buscados- de Google para que ponga su página uno o dos escalones más arriba. Un peldaño más arriba puede ser la diferencia entre el éxito y el fracaso de un negocio, y estar entre los 10 primeros ítems puede ser la posibilidad de hacer muchísimo dinero.

La tecnología en la que estamos inmersos en estos momentos de ninguna manera es un juguete inofensivo; ha hecho posible la manipulación de poblaciones enteras en un grado que no tiene precedentes en la historia de la humanidad, una manipulación que es indetectable y no deja huella alguna, una manipulación que comúnmente está fuera de las leyes y regulaciones existentes.

La virtual invisibilidad del SEME (Efecto Manipulador del Motor de Búsqueda) es algo ciertamente curioso. Significa que cuando las personas -usted, lector; yo mismo- tienen ante sus ojos unos resultados de la búsqueda que han sido modificados, los ven como si fueran excelentes. De este modo, si ahora mismo el lector busca en Google "candidatos a la presidencia de Estados Unidos", es posible que el resultado de la búsqueda parezca bastante aleatorio, aunque favorezca a un candidato determinado.

La posición de Google en las búsquedas en Internet es prácticamente monopólica: según el Centro de Investigación Pew, un 83 por ciento de los estadounidenses declara que Google es el motor de búsqueda que utiliza más a menudo. Por lo tanto, si Google favorece a un candidato en unas elecciones, el impacto en los votantes indecisos podría decidir el resultado de esa votación.

Durante una campaña electoral existen otros tipos de influencia que se equilibran unos con otros - una gran variedad de periódicos, programas de radio y televisión, por ejemplo- pero a todos los efectos, Google no tiene competencia y la gente confía en sus resultados de la búsqueda, suponiendo que el misterioso algoritmo de búsqueda de la empresa es completamente objetivo e imparcial. Este alto nivel de fiabilidad, junto con la falta de competencia, coloca a Google en una posición única para producir impacto en unas elecciones. Algo todavía más inquietante, el negocio de la búsqueda y ordenación está absolutamente desregulado, es por eso que Google podría favorecer a cualquier candidato sin violar ninguna ley. Algunos tribunales han dictaminado incluso que el derecho de Google a ordenar sus resultados de la búsqueda como le parezca está protegido por tratarse de una forma de la libertad de expresión.

¿Ha favorecido alguna vez esta empresa a algunos candidatos en particular? En la elecciones presidenciales de 2012 en estados Unidos, Google y sus principales ejecutivos donaron más de 800.000 dólares al presidente Barack Obama y solo 37.000 a su oponente, Mitt Romney. Y en 2015, un equipo de investigadores de la Universidad de Maryland y otros sitios demostró que los resultados de la búsqueda de Google favorecían invariablemente a los candidatos demócratas. ¿Están realmente sesgados los ordenamientos de resultados de búsqueda? Un informe interno expedido en 2012 por la Comisión Federal de Comercio de Estados Unidos llega a la conclusión de que en la ordenación de las búsquedas de Google sus intereses económicos priman respecto de los de sus competidores; las acciones anti monopólicas que en estos momentos se están llevando tanto en la UE como en India se basan en hallazgos similares.

En la mayoría de los países, el noventa por ciento de las búsquedas online se realiza con Google, lo que brinda a la empresa aún más poder para dar la vuelta a elecciones del que tiene en Estados Unidos; gracias al rápido aumento de la penetración de Internet, este poder está en crecimiento. En nuestro artículo en la PNAS, Robertson y yo consideramos que hoy día Google tiene la posibilidad de darle la vuelta al 25 por ciento de las elecciones nacionales de todo el mundo sin que nadie se dé cuenta de lo que está ocurriendo. De hecho, estimamos que los ordenamientos de resultados de la búsqueda de Google –hayan sido deliberadamente planificados por los directivos de la empresa o no– han hecho impacto en muchas elecciones durante mucho tiempo, un impacto que crece de año en año. Y debido a que los resultados de la búsqueda son fugaces, no dejan huella escrita y pueden ser negados tajantemente por la compañía.

Este grado de poder junto con este nivel de invisibilidad no tiene precedente en la historia de la humanidad. Sin embargo, lo que nosotros descubrimos sobre el SEME era apenas la punta de un descomunal iceberg.

Informes recientes sugieren que la ex candidata presidencial del Partido Demócrata Hillary Clinton hizo un uso intenso de las redes sociales -en principio, Twitter, Instagram, Pinterest, Snapchat y Facebook- para tratar de aumentar sus seguidores. El ex candidato republicano [presidente electo], Donald Trump, tiene 28,5 millones de seguidores (abril 2017 – a efectos de la redacción de este libro) en Twitter y su equipo durante la campaña presidencial tuiteó tan laboriosamente como el de Hillary.

¿Son las redes sociales una amenaza tan grande para la democracia como parecen serlo los ordenamientos de los resultados de la búsqueda? No necesariamente. Cuando las nuevas tecnologías compiten unas contra otras, no representan una amenaza. Incluso las plataformas más nuevas, en general se utilizan como se usaron las vallas publicitarias y los anuncios en la televisión durante décadas. Un partido pega sus carteles en un lado de la calle y el otro partido pega los suyos en el otro lado. Unos tienen más dinero para carteles que otros, pero el procedimiento sigue siendo competitivo.

No obstante, ¿qué pasa si esas redes sociales son usadas incorrectamente por las empresas propietarias? Un estudio realizado por Robert M. Bond, profesor de Ciencia Política en la Universidad Estatal de Ohio, y otros, publicado en 2010 en la revista 'Nature' describe un experimento -cuestionable desde el punto de vista de la ética- en el que Facebook envió recordatorios del tipo "vaya y vote" a más de 60 millones de sus usuarios el día de las elecciones de 2010. Los recordatorios hicieron que 340.000 personas votaran por un candidato al que no habrían votado de no haber recibido el mensaje de Facebook. En 2014, en una nota en New Republic, Jonathan Zittrain, profesor de Derecho Internacional en la Universidad de Harvard, señaló que gracias a la enorme volumen de información recogida entre sus usuarios, Facebook podía mandar muy fácilmente ese tipo de mensajes solo a la personas que apoyaban a un partido o un candidato en particular y que, al hacerlo, con la misma facilidad podía influir en una elección de resultado incierto -todo esto, sin que nadie se diese cuenta de lo que estaba sucediendo-. Y dado que los recordatorios, al igual que los ordenamientos de resultados de la búsqueda son fugaces, la manipulación de una votación no deja ninguna huella documental.

¿Existen leyes que prohíban a Facebook el envío selectivo -a determinados usuarios- de anuncios? No, absolutamente; de hecho, con la publicidad dirigida Facebook hace mucho dinero. ¿Está actualmente Facebook manipulando elecciones? Nadie lo sabe pero, según mi punto de vista, sería tonto que Facebook no lo hiciera e incluso tal vez incorrecto. Para una empresa, algunos candidatos son mejores que otros, y los ejecutivos de Facebook tienen la responsabilidad económica de defender los intereses de la firma en beneficio de sus accionistas.

El estudio de Bond fue mayormente ignorado, pero otro experimento con Facebook, que en 2014 fue publicado en la PNAS dio lugar a protestas en todo el mundo. En este estudio, a 689.000 usuarios de Facebook se les envió durante una semana noticias que contenían ya fuera un exceso de términos positivos, o un exceso de términos negativos, o ninguno. Después de eso, los del primer grupo emplearon términos ligeramente positivos en sus comunicaciones, mientras que los del segundo usaron términos ligeramente negativos en las suyas. Se dijo que esto demostraba que el "estado emocional" de las personas podía manipularse deliberadamente y a gran escala mediante una empresa de las redes sociales, una noción que mucha gente encontró alarmante. Muchas personas se sintieron molestas por el hecho de que se realizara un experimento a gran escala sobre las emociones sin el consentimiento explícito de las participantes.

Sin duda, los perfiles de usuario de Facebook son muchísimos, pero no son tantos si se los compara con los que maneja Google, que está recogiendo información las 24 horas de cada día de la semana durante todo el año y utiliza 60 plataformas de observación distintas: por supuesto, el propio motor de búsqueda, pero también Google Wallet, Google Maps, Google Adwords, Google Analytics, Google Chrome, Google Docs, Android, YouTube y tantas otras. Por lo general, los usuarios de Gmail hacen caso omiso del hecho de que Google almacena y analiza cada correo electrónico que ellos escriben, incluso los borradores que nunca serán enviados, así como todos los correos que reciben tanto sea de otros usuarios de Gmail como de todos los demás servicios de correo electrónico.

Según la política de privacidad de Google –a la que uno da su consentimiento cada vez que utiliza un producto Google, incluso aunque no haya sido informado/da de que está usando un producto Google– esta empresa puede compartir la información que recoge sobre usted, lector/lectora, con casi todo el mundo, incluyendo las agencias gubernamentales. Pero nunca con usted mismo. La privacidad de Google es sagrada; la de usted no existe.

¿Podría Google (en el lenguaje de la política de privacidad) utilizar la información que acumulan sobre usted, para propósitos perversos, como manipular o coaccionar, por ejemplo? ¿Podría un información inexacta en el perfil de las personas (que no hay modo de corregir por parte de esas personas) limitar la posibilidad que tienen de arruinar la reputación de esas personas?

Ciertamente, si Google decidiera arreglar unas elecciones, en principio podría buscar en su gigantesca base de datos personales para identificar justamente a aquellos votantes que están indecisos. Entonces, podría enviarles justamente a esas personas -un día sí y el otro también- ordenaciones personalizadas para favorecer a un candidato determinado. Una ventaja de este enfoque es que para los investigadores la manipulación por parte de Google sería extremadamente difícil de detectar.

Las formas extremadas de control -la de la KGB en la Unión Soviética, la de Stasi en la República Democrática Alemana, o la del Gran Hermano en 1984- son el dispositivo esencial de toda tiranía; al mismo tiempo, el avance tecnológico está haciendo que tanto el control como la acumulación de información para la vigilancia sea más fácil que nunca en la historia. En 2020, China habrá puesto en marcha el más ambicioso sistema gubernamental de control jamás creado -una base única de datos llamada Sistema de Crédito Social en el que múltiples registros y ordenamientos de datos de los 1.300 millones de ciudadanos de ese país estarán anotados para facilitar el acceso a ellos por parte de funcionarios y burócratas. Con apenas una mirada los funcionarios sabrán tanto si alguien ha plagiado un trabajo escolar como si se ha atrasado en el pago de una factura, si ha orinado en público o si bloquea inadecuadamente online.

Ya lo ha revelado Edward Snowden con toda claridad: estamos moviéndonos rápidamente hacia un mundo en el que los gobiernos y las corporaciones -a veces trabajando juntos- están recogiendo cada día cantidades ingentes de información sobre cada uno de nosotros, sin casi ninguna -o ninguna- restricción legal sobre el uso que puede darse a esos datos. Cuando se combina la recogida de datos con el deseo de controlar y manipular, las posibilidades son ilimitadas, aunque quizás la contingencia que más intimida sea la expresada en la afirmación de Boulding sobre la posibilidad de una "dictadura oculta que emplee formas democráticas de gobierno".

Los motores de búsqueda son capaces de influir en mucho más que en la compra de un producto o en el voto en unas elecciones. Ahora tenemos evidencias que sugieren que casi en cualquier asunto en el que en principio las personas estén indecisas, la ordenación de resultados de la búsqueda tiene consecuencias en casi todas las decisiones que ellas adopten. Tienen intensas consecuencias en las opiniones, las creencias, las actitudes y los comportamientos de quienes en todo el mundo navegan en Internet, todo ello sin que las personas tengan conocimiento alguno de que eso está sucediendo. Esto viene pasando con la intervención deliberada de los directivos de la empresa o sin ella; incluso los llamados procesos "orgánicos" de búsqueda por lo general producen resultados de la búsqueda que favorecen un punto de vista determinado, el que a su vez tiene el potencial de influir en la opinión de millones de personas que están indecisas en alguna cuestión específica. En uno de nuestros últimos experimentos, resultados de la búsqueda que habían sido manipulados cambiaron la opinión de algunas personas sobre las 'bondades' del fracking en un 39 por ciento.

Quizás todavía más perturbador es el hecho de que el puñado de gente que efectivamente es consciente de que está ante un ordenamiento de resultados de la búsqueda que ha sido manipulado se inclina todavía más en la dirección pronosticada; sencillamente, saber que una lista de resultados ha sido manipulada no necesariamente protege del poder del SEME.

La tecnología ha hecho que sea posible realizar la manipulación –indetectable y que no deja huella alguna– de poblaciones enteras que no están cubiertas por las regulaciones y leyes existentes.

Mientras tanto, entre bastidores, ha tenido lugar una silenciosa consolidación de los motores de búsqueda, de modo tal que más y más personas están utilizando el motor de búsqueda dominante, incluso aunque crean que no lo están usando. Porque Google es el mejor motor de búsqueda y porque cualquier avance en Internet –en veloz expansión– se ha convertido en algo prohibitivamente caro, cada vez más motores de búsqueda extraen su información del motor líder en lugar de crear uno. El acuerdo más reciente, revelado en octubre de 2015 por la Comisión de Seguridad e Intercambio (SEC, por sus siglas en inglés), fue entre Google y Yahoo Inc.

Observando las elecciones presidenciales de 2016 en Estados Unidos, veo claras señales de que Google está respaldando a Hillary Clinton. En abril de 2015, Clinton consiguió que Google le cediera a Stephanie Hannon para que fuera su principal funcionaria en cuestiones de tecnología y, hace pocos meses, Eric Schmidt, presidente del holding de empresas que controla Google, puso en marcha una firma semisecreta -The Groundwork- con el propósito específico de poner a Clinton en la Casa Blanca. La creación de The Groundwork animó a Julián Assange, fundador de Wikileaks, a asignar a Google el apodo de "el arma secreta" de Clinton en su intento de acceder a la presidencia de Estados Unidos.

Por cierto, el día de las elecciones el pasado mes de octubre CNN se lució en su manipulación mediática a favor de Hilary Clinton, en cada episodio aseguraban con rotundo éxito que la ganadora sería ella. ¿O me equivoco?

EL TRIUNFO DE LA PROPAGANDA

Comentaré: – Los requisitos indispensables para ser un profesional de la comunicación son la ética, honestidad y transparencia. ¿Cuántos hoy en día califican?

Ahora bien, ¿Por qué tanto periodismo ha sucumbido a la propaganda? ¿Por qué son prácticas habituales la censura y distorsión? ¿Por qué la BBC es tan a menudo una boquilla de potencia rapaz? ¿Por qué el New York Times y el Washington Post engañan a sus lectores? ¿Por qué CNN es un nido de mentiras y manipulación?

¿Por qué a los periodistas no les enseñan a comprender las agendas de los medios de comunicación y a desafiar las altas demandas y los bajos propósitos de la falsa objetividad? Y ¿por qué no les enseñan que la esencia de lo que se llaman medios de comunicación no es la información, sino el poder?

Estas son preguntas urgentes. El mundo se enfrenta a la perspectiva de una gran guerra, quizá una guerra nuclear – con los Estados Unidos claramente determinados a aislar y provocar a Rusia y eventualmente a China. Esta verdad se la dice y se la repite al revés, una y otra vez por periodistas, entre ellos los que promovieron las mentiras que llevaron al baño de sangre en Irak en el 2003. ¿Y Libia? – Los medios se encargaron de promover un misil de noticias falsas contra el Gobierno del Coronel Gadafi. - Jamás dijeron que Libia era el país más rico de África y que poseía un desarrollo humano más alto que Brasil y Rusia. ¿Y cómo está Libia hoy? - Lo sé, las lágrimas se quedan cortas para expresar tal masacre. Para los "poderosos" las víctimas son un daño colateral.

Los tiempos que vivimos son tan peligrosos y tan distorsionados en la percepción pública que la propaganda ya no es, como Edward Bernays llamaba, un "gobierno invisible". Es el Gobierno. Gobierna directamente, sin temor a equivocarme, y su principal objetivo es la conquista de nosotros: nuestro sentido del mundo, nuestra capacidad de separar la verdad de la mentira. Ya no nos dominan por sus armas sino con sus medios [han invadido nuestras mentes].

Tenemos la guerra por los medios de comunicación; censura por los medios de comunicación; demonología por los medios de comunicación; retribución por los medios de comunicación; desvío por los medios de comunicación - una línea de montaje surrealista de clichés obedientes y falsos supuestos.

Recuerdo que en el 2003 hubo una entrevista en Washington con Charles Lewis, el distinguido periodista de investigación estadounidense. Se habló de la invasión a Irak unos meses antes. Y le preguntaron: - "¿Qué hubiera pasado si los medios de comunicación más libres del mundo habrían desafiado seriamente George Bush y Donald Rumsfeld e investigaban sus reclamos, en lugar de canalizar lo que resultó ser burda propaganda?"

Él respondió: – si los periodistas habríamos hecho nuestro trabajo "hay una muy, muy buena posibilidad de que no hubiéramos ido a la guerra en Irak".

De otra manera, si los periodistas habrían hecho su trabajo, cuestionando e investigando la propaganda en lugar de amplificarla, cientos de miles de hombres, mujeres y niños podrían estar vivos el día de hoy; y millones de personas no habrían huido de sus hogares; la guerra sectaria entre Suníes y Chiíes no se habría encendido, y el infame Estado Islámico no existiría.

Incluso ahora, a pesar de los millones de personas que salieron a las calles a protestar, la mayor parte de la opinión pública en los países Occidentales tienen poca idea de la magnitud del delito cometido por nuestros gobiernos en Irak. Menos aún son conscientes de que, en los 12 años antes de la invasión, los EE.UU y los gobiernos Británicos pusieron en marcha un holocausto para negar a la población civil de Irak un medio para vivir.

Esas son las palabras del funcionario británico responsable de las sanciones sobre Irak en la década de 1990 – un asedio medieval que causó la muerte de medio millón de niños menores de cinco años, informó Unicef. El nombre del oficial es Carne Ross. En el Ministerio de Relaciones Exteriores en Londres, era conocido como "Mr. Irak". Hoy en día, es un portavoz de la verdad de cómo los gobiernos engañan y cómo los periodistas de buena gana propagan el engaño. "Alimentamos hechos periodísticos de saneada inteligencia", me dijo, "o los dejamos congelar".

El principal denunciante durante este terrible periodo de silencio fue Denis Halliday. Entonces Asistente del Secretario General de las Naciones Unidas y alto funcionario de la ONU en Irak, Halliday prefirió renunciar en lugar de implementar políticas que describió como genocidas. Se estima que las sanciones mataron a más de un millón de iraquíes.

Lo que pasó con Halliday fue instructivo. Fue retocado. O fue vilipendiado. En el programa Newsnight de la BBC, el presentador Jeremy Paxman le gritó: "¿No eres sólo un apologista de Saddam Hussein?" The Guardian lo describió recientemente como uno de los "momentos memorables" de Paxman. La semana pasada, Paxman firmó un acuerdo para un libro por £ 1.000.000.

Las doncellas de supresión han hecho bien su trabajo. Considere los efectos. En el 2013, una encuesta de ComRes encontró que la mayoría de los británicos creía que el número de víctimas en Irak era menos de 10.000 – una pequeña fracción de la verdad. El rastro de sangre que va desde Irak a Londres ha sido restregado casi por completo.

Rupert Murdoch se dice que es el padrino de la mafia de los medios de comunicación, y nadie debe dudar del poder de sus periódicos – un total de 127 de ellos, con una circulación combinada de 40 millones de dólares, y su cadena Fox. Pero la influencia del imperio de Murdoch no es mayor que su reflejo de los medios de comunicación más amplios.

La propaganda más eficaz se encuentra no en The Sun o en Fox News – sino debajo de un halo liberal. Cuando el New York Times publicó las afirmaciones de que Saddam Hussein tenía armas de destrucción masiva, la evidencia falsa se creyó, porque no era Fox News; fue el New York Times.

Lo mismo es cierto para el Washington Post y The Guardian, los cuales han desempeñado un papel fundamental en el condicionamiento de sus lectores a aceptar una nueva y peligrosa guerra fría. Los tres periódicos liberales han tergiversado los acontecimientos en Ucrania como un acto maligno ruso – cuando, en realidad, el golpe fascista liderado en Ucrania fue el trabajo de los Estados Unidos, con la ayuda de Alemania y la OTAN.

Esta inversión de la realidad es tan penetrante que el cerco militar de Washington y la intimidación de Rusia no es discutible. Ni siquiera es noticia, sino reprimida detrás de una campaña de desprestigio y susto con la que crecí durante la primera guerra fría.

Una vez más, el imperio del mal viene por nosotros, dirigido por otro Stalin o, perversamente, un nuevo Hitler. Nombre su demonio e irá por todo.

La supresión de la verdad acerca de Ucrania es uno de los bloqueos informativos más completos que puedo recordar. La mayor escalada militar en el Cáucaso y Europa del Este desde la Segunda Guerra Mundial ha sido borrada. La ayuda secreta de Washington a Kiev y sus brigadas neonazis responsables de crímenes de guerra contra la población del este de Ucrania, borrada. La evidencia que contradice la propaganda que Rusia era responsable del derribo de un avión de pasajeros de Malasia, borrada.

Y una vez más, los medios de comunicación supuestamente liberales son los censores. No citan hechos, no hay pruebas, un periodista identificó a un líder pro-ruso en Ucrania como el hombre que derribó el avión. Este hombre, escribió, era conocido como el Demonio. Era un hombre que daba miedo y que asustó al periodista. Esa fue la evidencia.

Muchos en los medios de comunicación Occidentales han trabajado duro para presentar a la población étnica rusa de Ucrania como extranjeros en su propio país, casi nunca como Ucranianos buscando una federación dentro de Ucrania y como ciudadanos Ucranianos resistiendo un golpe de Estado orquestado por extranjeros en contra de su Gobierno electo.

Lo que el presidente Ruso tenga que decir no tiene importancia; él es una pantomima de villano de quien se puede abusar con impunidad. Un general estadounidense que dirige la OTAN y que parece salido de la película Dr. Strangelove - el General Breedlove - afirma rutinariamente invasiones Rusas sin una pizca de evidencia visual. Su personificación del General Jack D, Ripper, de la película de Stanley Kubrick, es perfecta.

Los que baten los tambores en el Washington Post son los mismos editorialistas que declararon que la existencia de armas de destrucción masiva de Saddam, eran "hechos comprobados".

"Si usted se pregunta," escribió Robert Parry, "cómo el mundo podría tropezar con una Tercera Guerra Mundial - de la misma forma que lo hizo en la Guerra mundial hace un siglo - todo lo que necesita hacer es mirar a la locura que ha envuelto a la totalidad de la estructura política / medios de los EE.UU., sobre Ucrania, donde una falsa narrativa de sombreros blancos contra sombreros negros se afianzó tempranamente y ha demostrado ser impermeable a los hechos o la razón".

Parry, el periodista que reveló el Irán-Contra, es uno de los pocos que investiga el papel central de los medios de comunicación en este "juego de la gallina", como el ministro de Asuntos Exteriores de Rusia lo llamó. Pero, ¿es un juego? Mientras escribo esto, el

Congreso de Estados Unidos vota sobre la Resolución 758 que, en pocas palabras, dice: "Vamos a estar listos para la guerra con Rusia".

En el siglo 19, el escritor Alexander Herzen describe el liberalismo secular como "la religión final, aunque su iglesia no es de otro mundo, sino de este". Hoy en día, este derecho divino es mucho más violento y peligroso que cualquier cosa que nos llegue del mundo Musulmán, aunque tal vez su mayor triunfo es la ilusión de la información libre y abierta.

En la actualidad, países enteros se pueden hacer desaparecer. Arabia Saudita, la fuente de extremismo y terrorismo apoyado por Occidente, no es historia, excepto cuando hace bajar el precio del petróleo. Yemen ha sufrido doce años de ataques con aviones no tripulados estadounidenses. ¿Quién sabe? ¿A quién le importa?

En el 2009, The University of the West, de Inglaterra, publicó los resultados de un estudio de diez años de cobertura de la BBC sobre Venezuela. De 304 informes de difusión, sólo tres mencionaron alguna política positiva introducida por el gobierno de Hugo Chávez. El mayor programa de alfabetización en la historia humana recibió apenas una referencia de pasada. Y hoy en el 2017 bajo la presidencia de Nicolás Maduro hay construidas más de 1,5 millones de viviendas dignas para el pueblo venezolano ¿y quién informa tan increíble logro? - Venezuela vive una guerra sin límites (por cierto, es un hecho inédito y único en la región americana).

En Europa y Estados Unidos, millones de lectores y espectadores no saben casi nada acerca de los notables cambios, de vida, implementados en América Latina, muchos de ellos inspirados por Hugo Chávez. Al igual que la BBC, los informes del New York Times, el Washington Post, The Guardian y el resto de los medios de comunicación Occidentales respetables, actuaron notoriamente de mala fe. Se burlaron de Chávez incluso en su lecho de muerte. ¿Cómo explicar esto, me pregunto, en las escuelas de periodismo? – Y mientras tanto la TROIKA en Europa despoja a miles de personas de sus viviendas, pero los tiranos son otros, indudablemente impera la doble moral política.

¿Por qué millones de personas en Europa están convencidos de que un castigo colectivo llamado "austeridad" es necesario?

A raíz de la crisis económica en el 2008, un sistema podrido quedó expuesto. Por una fracción de segundo los bancos estaban alineados como ladrones con obligaciones con el público al que habían traicionado.

Pero a los pocos meses – aparte de unas pocas piedras lanzadas sobre los excesivos "bonos" corporativos – el mensaje cambió. Las fotografías de los banqueros fichados como culpables, desaparecieron de la prensa rosa y algo llamado "austeridad" se convirtió en la carga de millones de personas comunes. ¿Hubo alguna vez un juego de manos tan descarado?

Hoy en día, muchas de las premisas de vida civilizada en Gran Bretaña están siendo desmanteladas con el fin de pagar una deuda fraudulenta – la deuda de los ladrones. Los cortes de "austeridad" se dice que son de £ 83 mil millones. Eso es casi exactamente el monto del impuesto evitado por los mismos bancos y las corporaciones como Amazon y noticias de Murdoch del Reino Unido. Por otra parte, a los bancos corruptos se les da un subsidio anual de 100 mil millones de libras en seguros y garantías gratis – una cifra que financiaría todo el Servicio Nacional de Salud.

La crisis económica es pura propaganda. Políticas extremas dominan ahora Gran Bretaña, Estados Unidos, gran parte de Europa, Canadá y Australia. ¿Quién está defendiendo a la mayoría? ¿Quién está diciendo su historia? ¿Quién está manteniendo las cosas claras? ¿No es eso lo que los periodistas tienen que hacer?

En 1977, Carl Bernstein, del famoso Watergate, reveló que más de 400 periodistas y ejecutivos de noticias trabajaban para la CIA. Entre ellos periodistas del New York Times, Time y las Cadenas de Televisión. En 1991, Richard Norton Taylor de The Guardian reveló algo similar en este país.

Nada de esto es necesario hoy en día. Dudo que alguien haya pagado al Washington Post y muchos otros medios de comunicación para acusar a Edward Snowden de ayudar al terrorismo. Dudo que alguien paga a aquellos que rutinariamente insultan a Julian Assange – aunque otras recompensas pueden ser abundantes.

La principal razón por la que Julian Assange ha atraído tanto veneno, rencor y envidia es que WikiLeaks derribó la fachada de una elite política corrupta sostenida por los periodistas. Anunciando una era extraordinaria de divulgación, Assange hizo enemigos mediante la iluminación y avergonzando a los guardianes de los medios, sobre todo en el periódico que publicó y se apropió de su gran primicia. Se convirtió en no sólo un objetivo, sino un ganso de oro.

Libro lucrativo y ofertas de películas de Hollywood fueron negociados, y carreras de medios de comunicación nacieron gracias a WikiLeaks y su fundador. La gente ha hecho mucho dinero con Assange, mientras que WikiLeaks ha luchado para sobrevivir.

Nada de esto fue mencionado en Estocolmo el primero de diciembre cuando el editor de The Guardian, Alan Rusbridger, compartió con Edward Snowden el Right Livelihood Award, conocido como el Premio Nobel de la Paz alternativo. Lo que fue sorprendente acerca de este evento era que Assange y WikiLeaks fueron borrados. Ellos no existen. Eran no-gente.

Nadie habló sobre el hombre que fue pionero en la denuncia de irregularidades digital y entregó al Guardian uno de los mayores aciertos de la historia. Además, fueron Assange y su equipo de WikiLeaks los que efectivamente - y brillantemente - rescataron a Edward Snowden en Hong Kong y le brindaron seguridad. Ni una palabra.

Lo que hizo que esta censura por omisión sea irónica, mordaz y vergonzosa, fue que la ceremonia se celebró en el Parlamento Sueco - cuya cobarde silencio sobre el caso Assange ha actuado en connivencia con un aborto grotesco de la justicia en Estocolmo.

"Cuando la verdad se sustituye por el silencio", dijo el disidente soviético Yevtushenko, "el silencio es una mentira".

Es este tipo de silencio que nosotros los periodistas tenemos que romper. Tenemos que mirarnos en el espejo. Tenemos que pedir cuentas a unos medios de comunicación que no rinden cuentas, que sirven al poder y a una psicosis que amenaza con una guerra mundial.

En el siglo XVIII, Edmund Burke describió el papel de la prensa como un Cuarto Poder que vigilaba a los poderosos. ¿Eso, fue alguna vez verdad? Ciertamente no. Lo que necesitamos es un Quinto Estado: un periodismo que supervise, deconstruya y cuestione la propaganda, y que enseñe a los jóvenes a ser agentes de la gente, no del poder. Necesitamos lo que los Rusos llaman Perestroika – una insurrección del conocimiento subyugado. Yo lo llamaría periodismo real.

Son Cien años desde la Primera Guerra Mundial. Los reporteros, en ese entonces, fueron recompensados y nombrados caballeros por su silencio y complicidad. A la altura de la masacre, el primer ministro británico David Lloyd George decía al CP Scott, editor del Manchester Guardian: "Si la gente realmente sabría [la verdad] la guerra se detendría mañana, pero por supuesto que no sabe y no puede saberlo".

¿Y la ética quién se la llevó? ó ¿nunca la hubo?

MEDIOS DE COMUNICACIÓN: INSTRUMENTOS DE GUERRA

Al principio del libro presenté brevemente una serie de eventos que permitieron conceptualizar las cinco generaciones de guerra que hemos vivido en los últimos 200 años, ahora se ampliará el contexto para una mejor compresión histórica.

De acuerdo a la revisión del pasado, Homero fue el primer reportero en una guerra antigua. Contar lo que ocurre es una actividad tan vieja como el mundo, pero los medios de comunicación de masas existen desde finales del siglo XIX y son el resultado de una doble revolución tecnológica: la invención de la linotipia y de la rotativa. ¿Lo recuerdan?

La prensa recuperó dos invenciones importantes –en términos de comunicación–, la fotografía y el telégrafo, que le permitió el acceso a información lejana en un tiempo corto. Al aumentar su alcance mundial, también pudo incrementarse la tirada de los periódicos.

En caso de conflicto, los medios del siglo XIX comenzaron a enviar corresponsales de guerra. Las primeras fotografías utilizadas como medio de información, y no para uso militar, fueron las de la guerra de Crimea de 1860, En ellas se ven esencialmente objetos estáticos como el edificio de defensa, las trincheras o muertos, pero muchas menos de soldados en la batalla o desfilando. Es durante la I Guerra Mundial cuando la opinión pública occidental empezó a seguir los acontecimientos con interés, gracias a que la información llegaba rápido y de forma visual.

En EE.UU. se desarrolló ampliamente la fotografía. Durante la guerra de Secesión se tiraron millones de clichés. Fue, de hecho, un conflicto excesivamente fotografiado, lo cual aumentó el interés del público.

La guerra de Cuba o la de Filipinas de finales del siglo pasado fueron conflictos que la prensa estadounidense y otros medios utilizaron de manera importante. El cine llegó a La Habana en 1898, dos años antes del fin de la guerra de Cuba, de manos del operador de los hermanos Lumière con un espectáculo de feria que mostraban alrededor del mundo, la "Cámara Lumière". Con ella grabaron una serie de escenas de las maniobras militares, donde se plasmaba la atmósfera que existía en la capital cubana la víspera de la lucha armada. Esta guerra fue importante para EE.UU., especialmente porque formaba parte do una polémica interior: la idea del "destino manifiesto" de la política expansionista estadounidense.

William Randolph Hearst, el grande de la prensa estadounidense –se dice que es el personaje que Orson Welles inmortalizó en su película Citizen Kane, movilizó todos sus periódicos para provocar la intervención de EE.UU. en la guerra de Cuba. El magnate envía a un corresponsal, que desde allí manda un telegrama diciendo que tal guerra no existía y regresa sin información. Hearst le contesta en una carta célebre: "mándeme dibujos, ilustraciones y textos, que yo le mando la guerra". Entonces ocurre la explosión del navío norteamericano Maine, ocasión que EE.UU. aprovechó para declarar la guerra. Es la primera contienda donde se aprecia la influencia excepcional de los medios de comunicación; cómo la prensa puede movilizar a la opinión pública (el Gobierno de William McKinley se ve prácticamente obligado a declararla). En esta época, también EE.UU. produce películas reconstruidas de la guerra de Cuba o Hispanoamérica para mostrar el poderío de la flota estadounidense.

Hasta entonces, la prensa actuaba con las manos libres y la primera guerra en la que aparece un verdadero conflicto entre los intereses de un Estado y la libertad de información es la I Guerra Mundial, en ella se va a verificar que la primera víctima del conflicto armado es la verdad. La guerra de 1914 estalla en agosto, lo que hace creer que va a ser un paseo militar de verano. Los franceses estaban convencidos de que entrarían en la capital del adversario en una semana. Esta atmósfera la crea la prensa aunque, según los historiadores, no fue sólo ésta la responsable de la excesiva confianza.

Hay que tener en cuenta que es la primera guerra en la que todos los combatientes están alfabetizados, puesto que la enseñanza es obligatoria. La escuela ha hecho de ellos unos patriotas y la historia, en particular, les ha convertido en nacionalistas. Los historiadores dicen que la geografía sirve para hacer la guerra y que la historia sirve para hacer a los guerreros, y la confrontación del 14 es la primera que hace guerreros en los dos bandos.

En este ambiente, la prensa tiene el camino fácil, crea un entusiasmo de guerra y de una victoria próxima que tomará por sorpresa a la opinión pública cuando sobreviene la confrontación. Esta guerra va a conducir a los gobiernos alemán y francés a tomar medidas extremadamente severas. Por primera vez, consideran que el estado de guerra les autoriza a controlar el contenido de la prensa y, por ejemplo, nombran grupos de oficiales especializados en la información, que son los únicos acreditados para entrar en contacto con los periodistas. La prensa no tiene la oportunidad de informar debidamente y, entre otros impedimentos, los reporteros no pueden entrar en las trincheras hasta finales de 1917. Durante tres años, las trincheras son prácticamente invisibles, sólo existían en el relato de los supervivientes. Para superar estas dificultades, los periódicos más importantes optan por tener de corresponsales en el frente a oficiales retirados, que se imaginan los combates y escriben los comentarios.

En esa época se empieza a hablar de la manipulación de las mentes. Aparecen en Francia las primeras publicaciones satíricas que critican las versiones que dan los periódicos, puesto que la prensa alemana, francesa o inglesa combate el pacifismo o el derrotismo. Los pacifistas critican la manera en que se conduce la guerra y que decir la verdad implique ser derrotista. Así, ambas opciones ton violentamente criticadas por la prensa, que trata de inculcar en la opinión pública que se está a punto de ganar, como si se avanzara de victoria en victoria hasta la derrota final.

De esta manera, la guerra de 1914 a 1918 crea las condiciones en las que los Estados confiscan la libertad de expresión y, en particular, la libertad de informar do los medios de comunicación por razones de interés superior del Estado: la guerra.

RUPTURA EN VIETNAM

El próximo punto de inflexión mediático se propicia en la guerra de Vietnam, que resulta mucho más interesante para esta disertación. A partir de 1965 es un conflicto frontal en el que EE.UU. va a tener presentes a más de 500.000 hombres constituyéndose en una guerra mayor de la historia bélica de ese país.
En el desarrollo de la Segunda Guerra Mundial el enemigo no tenía defensores en los medios de comunicación. No obstante, la guerra de Vietnam se presenta con características, entre otras su larga

duración, que hace que EE.UU. no pueda perderla, pero tampoco ganada, creándose una situación de estancamiento que conduce a la fractura de la motivación. Sucede lo mismo que en la guerra de Corea, pero la atmósfera ya no es la misma que la de la guerra fría, no estamos en la confrontación del 'Macartismo' (persecución anticomunista impulsada por el senador Joseph McCarthy en EE.UU. durante la guerra fría), por consiguiente, los medios de comunicación no aceptan las consignas de movilización y adoctrinamiento ideológico que el Gobierno quiere imponer. De hecho, la prensa va a informar con relativa libertad sobre la descomposición del Ejército estadounidense carente de motivación. Es decir, que si en la Segunda Guerra Mundial hubo que movilizar a Hollywood con una serie de películas, ¿qué tendrían que haber hecho con la guerra de Vietnam para persuadir a los propios combatientes de las razones justas para llevarla a cabo? Es una guerra difícil que se libra contra un adversario relativamente poderoso y hábil, y la prensa se niega a silenciar los abusos del Ejército de EE.UU., las ejecuciones masivas, el uso de armas químicas, la destrucción del medio ambiente con la utilización de defoliantes o la aniquilación de comunidades pacíficas.

En ningún país del mundo, hasta entonces, los medios de comunicación habían denunciado el comportamiento de sus propios soldados durante el desarrollo de la guerra. Por primera vez, el juego de dominó es extremadamente importante en esta relación Gobieno-Ejército-medios de comunicación-opinión pública. La prensa acusa a los soldados de bárbaros, con un gran impacto en la sociedad civil.

Los reporteros siguen teniendo las condiciones tradicionales que el Ejército de EE.UU. concede a la prensa: cualquier periodista acreditado recibe automáticamente rango de oficial, pudiendo así integrarse en cualquier misión. Los reporteros son testigos y no producen textos o relatos so que se puedan manipular, sino que se filma la realidad con cámaras. Se ha dicho que fue una guerra televisada, pero no en directo. Se trata de una confrontación filmada para la televisión, aunque no en tiempo real, porque se necesitaba enviar las películas por avión a EE.UU., que se difundían con 48 horas de diferencia.

Nadie puede pensar que ése es el enemigo que pone en peligro la existencia de EE.UU. En este sentido la prensa invierte tinta y el efecto es demoledor, porque evidentemente nadie quiere enviar a sus hijos a la guerra y, además, la atmósfera en el seno del Ejército es de degradación moral, drogas, y resulta fundamental el hecho de que esos soldados no sean "caballeros". Esto provoca una ruptura entre el Gobierno y la opinión pública, que no apoya la guerra al ver que se hace por razones de política internacional y no para satisfacer a la población. Este ambiente gangrena al país, y cuando termina la guerra con la derrota estadounidense en 1975– es la primera en su historia– se plantea la cuestión de por qué no se ha vencido.

Probablemente la derrota se debió a razones estratégicas militares, ya que el único armamento que no utilizaron fue el nuclear, pero esencialmente se pensó que la desmotivación de la opinión pública produjo también la del Estado Mayor. El hecho de que la opinión pública pudiera asistir paso a paso a la evolución de este conflicto, a los juicios hechos a auténticos criminales de guerra en el propio EE.UU. o a las críticas a ciertos comportamientos, suscita una reflexión y desemboca a un cambio en la relación medios de comunicación–guerra–opinión pública, en el que nos encontramos a partir de entonces.

EL APRENDIZAJE DE LONDRES

Los primeros que aprenden la lección de la guerra de Vietnam no son los estadounidenses, sino los británicos. El Reino Unido comprende el desarrollo de los medios de comunicación: cómo el discurso televisivo es muy convincente y la televisión se encuentra en todos los hogares. El espectador es testigo de un acontecimiento militar y eso provoca tal perturbación en la manera de concebir la conducta de los conflictos que resulta indispensable reflexionar sobre ello. El primer conflicto que va a ser diferente es la guerra de las islas Malvinas.

Las lecciones de la guerra de Vietnam conducen al Estado Mayor británico a establecer otra forma de relacionarse con los medios de comunicación de masas. Las islas Malvinas van a prestarse al juego, ya que por su insularidad están aisladas y constituyen un escenario muy lejano. Los británicos no quieren dejar que el conjunto de la población sea testigo de los combates, basándose en que las guerras son crueles y demasiado complicadas para que la opinión pública las pueda conocer directamente. Así, Londres selecciona a un grupo de reporteros bajo su criterio, con el pretexto de la lejanía del conflicto y por el hecho de que en Argentina exista una dictadura militar, y también porque las Malvinas están ocupadas militarmente. De este modo, los medios de comunicación ingleses que pueden asistir tienen que hacerlo bajo protección del Ejército británico y se embarca únicamente un grupo cuyas informaciones se retransmitirán al resto de los medios.

Cuando la escuadra británica llega a la zona del conflicto, el buque que transporta a los periodistas queda en la periferia, desde donde recibe la información. Por tanto, ésta llega a través del Estado Mayor y los medios de comunicación no van a tener ninguna posibilidad, por mucho que se encuentren en el escenario de las Malvinas, de acceder directamente al lugar del conflicto. Se libran batallas que demuestran que la seguridad británica no es tal, que la aviación argentina es eficaz, que utiliza armas modernas. Los medios de comunicación se refieren a la guerra como un conflicto fácil, menos la BBC (British Broadcasting Corporation), que es la única que no acepta la manipulación y amenaza con pedir material a la televisión argentina para mostrar otros puntos do vista.

Pero de hecho, se presenta una guerra ideal a la opinión pública, casi un paseo militar. Este fenómeno nacionalista va a funcionar, y los británicos son capaces de cambiar la situación de transparencia anterior, que había alcanzado un nivel preocupante para los gobiernos con la guerra de Vietnam. Este modelo es el que se va a aplicar a partir de entonces en todos los conflictos en los que intervienen grandes potencias. La guerra solamente puede verse cuando los implicados son pequeños Estados. Es decir, ya estamos en un universo en el que la idea de que las guerras son transparentes ha sido abandonada. Desde Vietnam, en las guerras sólo se filma la versión que conviene dar del conflicto, la que el "ministerio de la Guerra" de la potencia implicada quiere dejar saber.

La siguiente guerra en la que interviene una gran potencia es la toma de la isla caribeña de Granada en 1983 por EE.UU. Todo se presta para aplicar el modelo de las Malvinas. Los periodistas no pueden acompañar a las tropas en el desembarco que se desarrolla durante cuatro o cinco días, por lo que no existen imágenes de éste. El pentágono se excusa diciendo que es una guerra peligrosa para los corresponsales de guerra y que las tropas cubanas que se encuentran en la isla están ofreciendo una resistencia importante, así que cuando llegan los reporteros está todo ocupado y la guerra ya no presenta aspectos desagradables.

El segundo conflicto en el que el modelo de las Malvinas se aplica ya tradicionalmente es la toma de Panamá en 1989, en la que los estadounidenses van a utilizar un método más sofisticado. Al igual que en Granada, en Panamá no hay testigos durante el período más difícil y la nueva estrategia utilizada por EE.UU. en esta intervención se basa en que la levaron a cabo al mismo tiempo que la caída del régimen de Ceausescu en Rumania, el 20 de diciembre de 1989, cuando el mundo entero estaba ocupado en ver en directo un gran acontecimiento. Por primera vez, se ven las batallas callejeras en directo. Las cadenas de televisión rompen sus programas e incluso emiten 24 horas lo que está ocurriendo en Rumania, porque además allí el nuevo poder, el contrapoder, se instala en la sede de la televisión. Mientras el mundo entero, en lo que se llama "efecto biombo", está viendo entretenido los hechos de Rumania, EE.UU. interviene en Panamá y sabe que, en realidad, aparte de los países hispanoamericanos, en el resto del mundo el efecto será secundario.

En un estudio que realizamos en la Universidad de París comparamos lo que todas las cadenas de televisión francesas mostraron de Panamá y de Rumania. La proporción fue de nueve a uno. Prácticamente no hay imágenes de lo que ocurrió en

Panamá, y la versión estadounidense es la que muestra al presidente Noriega como traficante de drogas, evitando todos los acontecimientos. Hoy día sabemos que si el conflicto hubiera que medirlo por el número de víctimas, en Rumania no llegaron a 1.000, mientras que en Panamá resultaron más de 2.000, sin embargo, la cobertura mediática en Rumania fue infinitamente más importante.

EL VALOR DE LA NOTICIA

En septiembre de 1986 se publicó un informe elaborado por la OTAN sobre cómo comportarse con los medios de comunicación en caso de conflicto, siendo el modelo exacto del comportamiento británico en las Malvinas. A los gobiernos no les importa que los especialistas vengan después del conflicto a contar lo que en realidad aconteció. Lo que les interesa proteger es que, en el momento en que se desarrolla el conflicto, haya una unidad sagrada, la que existió en la guerra de Corea, en la I y II Guerra Mundial: dar una única versión y designar como traidor a todo aquel que aparezca como disidente.

En realidad, el modelo oficial no fue observado por muchos periodistas y luego les tomó por sorpresa en la guerra del Golfo, que la propaganda presenta como un conflicto en directo, transparente, aunque hoy sabemos que desde la guerra de las Malvinas, las luchas armadas emprendidas por las grandes potencias son sin imágenes, y si existen son falsas o reelaboradas, que describen una realidad, pero para ocultada mejor.

Los periodistas no podemos imaginar cómo un periodista aislado podría establecer la verdad– como un Quijote de la información–, porque hoy sabemos de qué manera funciona la información: la motivación del Estado Mayor trata de utilizar el sistema informativo. Pero si se toma el análisis desde esta perspectiva, ¿cómo funciona?

La información constituye una mercancía y el sistema de información obedece a una ley en la que la noticia tiene un valor económico determinado. Eso hace que el sistema utilice las noticias de más valor en detrimento de las menos valiosas. Si pensamos que la información tiene una relación fuerte con la verdad y que de esa relación debería depender su valor económico, debemos saber que éste no es el caso. La verdad o la mentira no son importantes, lo que importa es quo puedan rentabilizarse las noticias. El sistema actual ha cambiado la naturaleza de la información, el medio dominante es la televisión, el proyecto del sistema informativo nos hace testigos de los acontecimientos, es decir, impulsa a que cada persona se autoinforme, como si estuviera allí mismo. De esta manera, la noticia adquiere valor, se produce en directo, en tiempo real (teniendo en cuenta que casi todas las noticias son en diferido) y esto nos lleva a reflexionar que valor en relación a la verdad tiene el ser testigo.

Ser testigo de algo no me aproxima necesariamente a la verdad porque presencio una parcela de lo que está ocurriendo. Es un pequeño elemento de un mosaico extremadamente complicado. Además, una imagen se puede interpretar de diversas maneras. Es decir, me puedo autoengañar. Este sistema de información coloca al ciudadano en una posición que denomino "prerracional", porque se apoya en las sensaciones y emociones, y no en el racionamiento. Toda la racionalidad moderna del siglo XVIII se ha constituido contra este dominio de los sentidos. Ahora, aceptar un sistema informativo que descansa esencialmente en el sentido de la vista supone ser indiferente a la razón, a la verdad. Un caso representativo muy espectacular es la tragedia de Ruanda en 1994. Vimos en la televisión cómo huían centenares de personas- entre todas las maldiciones bíblicas, el hambre, las enfermedades- y a la vez oímos hablar de un genocidio. La lectura elemental de un espectador medio ante esta información sería la de clasificar a las masas de gente como víctimas del genocidio, cuando la realidad era mucho más complicada. Entre los individuos que veíamos en su dolorosa huida se encontraban los responsables del asesinato de más de un millón de personas. No se ve ni una imagen del genocidio, sólo la huida de los hutus.

Es muy difícil que funcione la fórmula de la imagen sin comentado. El sistema de la lectura de la cadena de televisión Euronews, que muestra imágenes sin comentarios, no puede explicar asuntos complejos, de ahí que en este método informativo los conflictos sean más maniqueos. El contexto general hace que, por razones económicas de funcionamiento de la información, el restablecimiento de la verdad sea extremadamente complicado.

Durante mucho tiempo, los medios de comunicación influyeron relativamente en la opinión pública, ya que sólo lo hacían en sectores marginales, por lo que tenían poco peso económico. Hoy en día, la principal batalla estratégica económica en el mundo tiene que ver con la comunicación, con las autopistas de la información. En este tipo de batalla estratégica en que la información es una materia económica de primera magnitud, es evidente que la educación al público es capital. La prensa debería reflexionar sobre sí misma, así como es precisa una reflexión de los medios de comunicación a escala internacional.

No se puede seguir en un sistema en el que los medios de comunicación lo juzgan todo, pero no a sí mismos. No es posible que carezca de jueces un ente con tal poder y responsabilidad. En el seno mismo de los periódicos hay que desarrollar una crítica que serviría para la educación de los ciudadanos en este terreno. No es fácil, ya que los medios de comunicación se pueden identificar con una ideología y también es muy difícil tomar la suficiente distancia para ver el perfil que va adoptando. Además, los medios de comunicación son como camaleones y cambian.

En cuanto a la medición de los periodistas, éstos responden a un perfil diferente y toman partido. ¿Qué filtros existen para la información? No es que el periodista haga mal su trabajo, sino que trabaja dentro de un contexto que hace que, siguiendo las leyes comentadas antes, no permite tener una visión completa, con profundidad histórica, etnológica-cultural, con dimensión geoestratégica, y cualquier problema tiene estas dimensiones. Informar bien nunca es responsabilidad directa del periodista. Evidentemente, un periodista debe informar con la mayor honradez y buena fe, pero informar es responsabilidad de un órgano, de un periódico, de una emisora de radio, al menos a este nivel.

Considero que tratándose de un conflicto son esenciales dos visiones no contradictoras de tipo periodístico. La primera, es la visión del infante, de la primera línea de la batalla, del reportero que está al ras del suelo, que ve cómo se vive y testifica el punto de vista parcial subjetivo, cómo viven los civiles. Esta perspectiva del terreno es indispensable, pero si nos limitamos a ella en el peor de los casos no vemos el conflicto, es el síndrome de "Fabricio del Dongo", el personaje de La Cartuja de Parma, soldado en la batalla de Waterloo. La batalla se termina, pero él no sabe quién la ha ganado porque ésta se libra en un escenario de vados kilómetros, y a ese nivel no se sabe porqué se lleva a cabo el combate. Hace falta una visión de Estado Mayor que sabe quién ha ganado la batalla. De esta manera, es preciso que en el mismo órgano de prensa tengamos estas visiones caleidoscópicas, fragmentadas, que muestren el contexto general, político, económico, estratégico, cultural, con las cualidades antes mencionadas de honradez, de inteligencia, de apego a la verdad, y no basadas en opiniones que son otra cosa.

Si ambas visiones están presentes es posible aproximarse a la verdad, un acercamiento que siempre es difícil. Al mismo tiempo, el ciudadano debe saber que informarse cansa, no es algo pasivo. Si una persona decide no informarse vive igual de bien, quizá mejor. Si observamos la actitud física de alguien que se está informando mediante la televisión, normalmente tumbado, medio adormecido, las imágenes le están distrayendo. Eso no es informarse. Estar informado es una actividad, no algo pasivo. Luego, si hay una contradicción entre mi propia disposición corporal y mental, entre aquello de lo que quiero informarme y mi propia actitud de abandono, tengo que poner orden en esa contradicción. Puede ser interesante ver la televisión para informarme, pero debo completarlo con la lectura de diarios o revistas.
El problema no es la carencia sino la sobreabundancia de información, de ahí que la responsabilidad del ciudadano es enorme, porque hoy día nadie puede decir que se carece de información, en un mundo en el que es uno de los elementos del planeta. Cuando la

información era extremadamente escasa, al que la poseía tenía el poder, así funcionaban los Estados autoritarios. Vivimos en un mundo de sobreabundancia de información que es casi gratuita, de modo que los ciudadanos no tenemos la disculpa de no acceder a ella. El sistema de información apuesta por la pereza del ciudadano, para que éste no descubra fácilmente las manipulaciones groseras que realiza el poder en determinados contextos conflictivos.

GUERRA MEDIÁTICA EN AMÉRICA LATINA

América Latina siempre ha sido el territorio preferido para las intervenciones militares y hoy en día de guerra psicológica por parte de EE.UU. En mi libro anterior expliqué cómo ha sido la aplicación de la Doctrina Monroe, el Plan Cóndor y el derrocamiento de gobiernos legítimos. ¿Quiénes han sido los instrumentos de guerra? — Indudablemente, los medios de comunicación, ellos se han convertido en un elemento fundamental para la construcción de escenarios y coyunturas en las que poco o nada tienen que ver la libertad de expresión y la verdad. Transcurridas dos décadas y media de este siglo, los conglomerados mediáticos son más un instrumento destructivo, estratégico para la dominación y recolonización de países enteros; nada más antidemocrático que el acceso a la información en la mayoría de nuestros países.

Con la constante innovación de la tecnología, los medios transnacionalizados multiplican su capacidad de copar todos los espacios informativos, culturales, artísticos, llegando a monopolizar lo que hace tiempo denominan "industria del entretenimiento". Y es que incluso las noticias, de un modo morboso, han sido convertidas en un show en el que la ética y los principios han desaparecido por completo.

No es casual que Telesur sea un objetivo militar y estratégico para cualquier acción desestabilizadora que ejecute la derecha golpista en Venezuela, o cualquier otro país latinoamericano. La mística de trabajo, la posición frente a los hechos de esta cadena nuestro americana la ha convertido en un bastión que buscamos para darnos cuenta lo que de otro modo es un amasijo de embustes sobre lo que sucede en cualquier parte del mundo.

Recordemos el Golpe de Estado Militar en Honduras, cuando la corresponsal de Telesur, Madeleine García, transmitía en vivo la captura del presidente Manuel Zelaya, por fuerzas militares, y muchos nos percatábamos por ese medio lo que apenas dos emisoras locales informaban bajo el acecho de los militares. Seis años después de aquel fatídico 28 de junio, podemos contar con versiones objetivas sobre lo que sucede en nuestro continente, así como los hechos en lugares tan distantes como la agresión imperialista en Ucrania, el colonialismo sionista en Gaza o la intervención en Siria.

Muchos Estados democráticos latinoamericanos (no hablamos de la democracia electorera, sino de los procesos de transformación liberadora), han avanzado en la implementación de proyectos de comunicación comunitaria y estatal, pero eso no basta. La agresividad de los medios corporativos solo es comparable con su infinito desprecio por los pueblos; y su disposición de recursos los hacen formidable máquinas de mentir e implantar falsedades en la opinión pública.

Es sorprendente como gente humilde en los países latinoamericanos, manejan una imagen aterradora de lo que ahora sucede en Venezuela. No hace muchos días, interesado en este tema, seguía con atención los mensajes en twitter de diversos medios de comunicación del continente, lo chocante fue ver comentarios de usuarios que exclaman que no quieren vivir como los pobre venezolanos. Comentarios como este en países como Honduras, el más atrasado de Latinoamérica, empobrecido a un extremo sin precedentes en su historia y donde la miseria supera el 50% de la población. Es muy común escuchar el argumento de que en Venezuela no hay papel higiénico para el baño, y esos argumentos vienen de gente que no puede darse el lujo de comprar ese producto.

En realidad todos estos ejemplos de manipulación y mentiras no son nuevos, ya tenemos numerosos ejemplos de lo funesto que puede ser el papel de los medios en nuestros países; baste recordar el papel protagónico de primera línea que tuvo El Mercurio en el bestial Golpe fascista que termino con la muerte del presidente Salvador Allende en Chile. El problema, es que esos medios sirven también para crear las condiciones necesarias en las sociedades para conducirlas a la guerra.

Siendo el campo de las comunicaciones una de las áreas estratégicas para la seguridad democrática, la desventaja en que nos encontramos los pueblos, nos pone en una situación de cuasi indefensión: El bombardeo permanente de mentiras de mil formas, como noticias, como comerciales, en forma de telenovelas o películas, nos acostumbra a conformarnos con la violencia como algo cotidiano.

De hecho, por esta misma vía nos han ido acomodando a la idea y la aceptación de hechos nefastos como las narco novelas. También se nos implantan prejuicios y estigmas como el que es la gente pobre la que comete crímenes, y es la juventud más pobre la que integra las marcas y bandas de sicarios. De esta forma hacen sentir a la clase media terror hasta el extremo de la paranoia. Y entonces comienzan a colocar muros y rejas de acero que más que protección se convierten en cárceles para muchos. Dicho de otro modo, la manipulación mediática sirve para distanciar al individuo de la sociedad, quitándole con ello la capacidad de defenderse en colectivo. La realidad que percibe cada individuo no es la misma que afecta a la sociedad, de modo que los intereses fabricados para el nada tienen que ver con el sujeto mismo. De esta forma se construyen entornos favorables a cosas que resultan absurdas en extremo.

Hoy día la agresión imperial contra la revolución bolivariana está presente en todos los rincones del continente; todos los días nos alejamos más de Venezuela, un territorio que los medios presentan en llamas con un gobierno sufriendo una crisis terminal, donde ya se prepara una "transición". Es tanto el cinismo, que ante el anuncio del desmantelamiento de una conspiración para perpetrar un Golpe de Estado, hecha pública por el gobierno bolivariano, los medios ponen en duda lo dicho, y buscan el ángulo mediante el cual puedan utilizar esto para validar la imagen de debilidad con que quieren hacer aparecer la revolución y sus líderes.

No se debe olvidar nunca que la guerra es una necesidad orgánica del capitalismo, y del imperialismo específicamente. En esta lógica, debemos presumir siempre que el uso de la violencia es siempre parte del "menú", y, por lo tanto, la existencia de una matriz que lleve a la intervención militar norteamericana en la República Bolivariana de Venezuela no debe descartarse en ningún momento, y consecuentemente, la preparación ante esa eventualidad es obligatoria.

En ese escenario posible, por ridículo que se pueda ver, los medios servirán para hacer ver moral y legítima cualquier monstruosidad, y Telesur se mantendrá como objetivo de carácter estratégico para el enemigo; eso debe preverse.

Si somos capaces de entender nuestra historia, veremos la importancia de Telesur en su cabal dimensión, y entonces sabremos que defender ese bastión equivale a una buena porción de la victoria. La paz no es de ningún modo un objetivo del imperio, no está en su naturaleza; sabio será que los pueblos entendamos esto.

Ahora más que nunca debemos superar nuestra visión del horizonte, dejar de lado nuestras cuestionables argumentaciones para dividirnos y asumir esta batalla por la libertad latinoamericana, cuya lucha se libra en varios frentes del continente.

PROPIEDAD DE LOS MEDIOS

Se ha preguntado usted: – ¿Quiénes son los dueños de los medios de comunicación más poderosos del planeta?

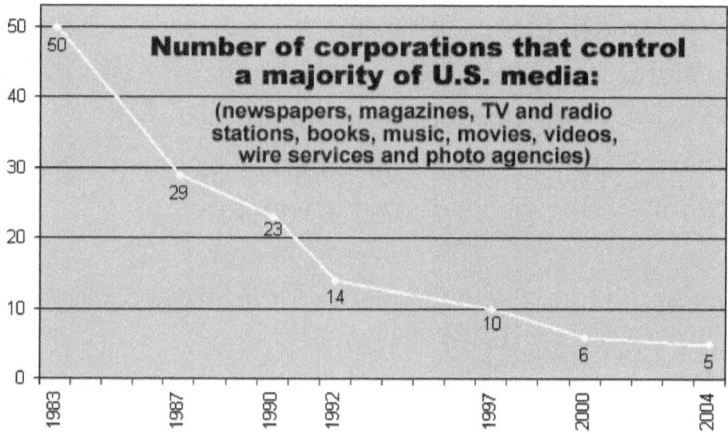

Como se muestra en el gráfico anterior, el número de empresas que poseen la mayoría de los medios de comunicación de Estados Unidos se fue de 50 a 5 en menos de 20 años. Aquí están las principales empresas en evolución en todo el mundo y de los activos que poseen.

AOL

"La lista de las propiedades controladas por AOL (America Online) Time Warner tiene diez páginas, 292 empresas y filiales separadas. Entre ellas, veintidós son empresas conjuntas con otras grandes corporaciones que participan en mayor o menor grado en las operaciones de los medios de comunicación. Estos socios incluyen 3Com, eBay, Hewlett-Packard, Citigroup, Ticketmaster, American Express, Homestore, Sony, Viva, Bertelsmann, Polygram, y Amazon.com. Algunas de las más conocidas que son totalmente propiedad de Time Warner incluyen Book-of-the-Month Club, Little, Brown editores, HBO, con sus siete canales, CNN, siete canales en idioma extranjero especializado y, Road Runner, Warner Brothers Studios; Weight Watchers, Popular Science, y cincuenta y dos sellos discográficos diferentes ".

- Ben Bagdikan, The New Media Monopoly.

AOL Time Warner posee:
- 64 revistas, como Time, Life, People, la revista MAD y DC Comics
- Warner Bros, New Line y Fine Line Features en el cine
- Más de 40 sellos discográficos como Warner Bros, Atlantic y Elektra
- Muchas cadenas de televisión como WB Networks, HBO, Cinemax, TNT, Cartoon Network y CNN
- Madonna, Sean Paul, The White Stripes Viacom posee: CBS, MTV, MTV2, UPN, VH1, Showtime, Nickelodeon, Comedy Central, TNN, CMT y BET
- Paramount Pictures, Nickelodeon Movies, MTV Films
- Blockbuster Videos
- 1800 pantallas en cines a través de Famous Players.
 Disney

"Que Disney tenga un equipo de hockey llamado The Mighty Ducks de Anaheim no comienza a describir la inmensidad del reino. Hollywood sigue siendo su corazón simbólico, con ocho estudios de producción de cine y distribuidoras: Walt Disney Pictures, Touchstone Pictures, Miramax, Buena Vista Home Video, Buena Vista Home Entertainment, Buena Vista International, Hollywood Pictures, y Caravan Pictures son controladas por The Walt Disney Company; ocho editoriales bajo Walt Disney Company Book Publishing y ABC Publishing Group; diecisiete revistas, la cadena de televisión ABC, con diez estaciones y la suya propia incluidas en los cinco principales mercados; treinta emisoras de radio, incluidos todos los principales mercados; once canales de cable, incluyendo Disney, ESPN (en conjunto), A & E, y el History Channel; trece canales de difusión internacional que se extiende desde Australia a Brasil, siete unidades de producción y deportivas de todo el mundo, y diecisiete sitios de Internet, incluido el grupo ABC, ESPN.sportszone , NFL.com, NBAZ.com y NASCAR.com. Sus cinco sellos de música incluyen a Buena Vista, Lyric Street, y producciones de teatro en vivo basadas en las películas de El Rey León, La Bella y la Bestia, y el rey David".

– Ben Bagdikan, The New Media Monopoly.

The Walt Disney Company es propietaria:

- ABC, Disney Channel, ESPN, A & E, History Channel.
- Walt Disney Pictures, Touchstone Pictures, Hollywood Pictures, Miramax Film Corp., Dimension y Buena Vista International.
- Miley Cyrus / Hannah Montana, Selena Gomez, los Jonas Brothers.

Vivendi Universal es propietaria:

- 27% de las ventas de música de Estados Unidos, los sellos son: Interscope, Geffen, A & M, Isla, Def Jam, MCA, Mercury, y Universal Motown.
- Universal Studios, Studio Canal, Polygram Films, Canal +.
- Numerosas empresas internet y empresas de telefonía celular
- Lady Gaga, Black Eyed Peas, Lil Wayne, Rihanna, Mariah Carey, Jay-Z.

Sony posee:

- Columbia Pictures, Screen Gems, Sony Pictures Classics
- 15% de las ventas de EE.UU. de música, los selllos incluyen Columbia, Epic, Sony, Arista, Jive y RCA Records.
- Beyonce, Shakira, Michael Jackson, Alicia Keys, Christina Aguilera.

Un número limitado de actores de la industria cultural significa una cantidad limitada de puntos de vista e ideas que se dirigirán al público en general. También significa que un solo mensaje puede saturar fácilmente todas las formas de medios de comunicación para generar consentimiento (es decir, "hay armas de destrucción masiva en Irak"-por ejemplo).

Y sus dueños son miembros del Consejo de Relaciones Exteriores de Estados Unidos y del famoso Club Bilderberg.

CAPÍTULO II: HACIA LA CONQUISTA DE LAS MENTES

GUERRA NO CONVENCIONAL

La actual y creciente brecha socioeconómica existente entre el mundo desarrollado—más específicamente el nivel de poder nacional de los EE.UU.— y los países en desarrollo, se ve reflejada también en los asuntos estratégicos y militares. La Guerra del Golfo de 1991, tal vez sea la clase de conflicto que sea la excepción y no la regla en los años por venir. Irak, pese a tener en ese entonces la cuarta fuerza armada del mundo, quiso enfrentar simétricamente, de igual a igual a los EE.UU., con los resultados que ya conocemos.

En un artículo de 1989, el Coronel Keith Nightendale, Capitán John F. Schmitt, Cnel. Joseph Sutton y Tte. Cnel. Gary I. Wilson del Ejército y del Cuerpo de Infantería de Marinas de los EE.UU. señalaron el advenimiento de la Guerra de Cuarta Generación, en la que se usarían técnicas que podríamos llamar "ajenas" a la tradición occidental, lo que más adelante veremos, consideraríamos como técnicas asimétricas.

Por cerca de 500 años, Occidente ha definido la forma de hacer la guerra... El hecho que algunas áreas no-occidentales como el mundo islámico no son fuertes en lo que a tecnología se refiere, podría llevarlos a desarrollar una forma de hacer la guerra, **de cuarta generación**, a través de ideas antes que de tecnología.

Igualmente indicaron que un oponente de cuarta generación podría tener una base no-nacional o transnacional, como una ideología o religión y que como sus capacidades de seguridad nacional estaban diseñadas para operar dentro de un marco de referencia de Estados- Naciones, fuera de ese marco tendrían grandes dificultades.

Después del desastre que sufrieron fuerzas especiales estadounidenses en las calles de Mogadiscio en Somalia el 10 de Marzo de 1993, en el que murieron 18 efectivos, muchos en los EE.UU. se preguntaron si ése no era el tipo de conflicto en el que se verían envueltos en el siglo XXI, un conflicto en el que su actual estructura de fuerzas serviría de poco ante enemigos asimétricos. Por eso surgieron las críticas a la Estrategia Militar de los EE.UU. (1997), que preveía disposiciones de fuerzas preparadas para pelear simultáneamente dos guerras como la de 1991 y aún tener la capacidad de proyectarse a otros puntos calientes del planeta.

A raíz de lo de Somalia, los cuatro autores antes mencionados revisaron sus conceptos en 1994 y proféticamente advirtieron: «**La cuarta generación heralda el fin de la guerra moderna y posiblemente también el de la guerra moderna. La próxima guerra real que peleemos, probablemente sea en suelo estadounidense**».

Tres años después, Paul F. Herman, Jr. dio una interesante definición de guerra asimétrica: **"es un conjunto de prácticas operacionales que tienen por objeto negar las ventajas y explotar las vulnerabilidades (de la parte más fuerte), antes que buscar enfrentamientos directos... Los conceptos y movimientos asimétricos buscan usar el medio ambiente físico y las capacidades militares en formas que son atípicas y presumiblemente no anticipadas por estructuras militares bien establecidas, tomándolas, por ende, desbalanceadas y no preparadas".** Al año siguiente, Charles Dunlap, Jr. la definió de forma parecida, pero añadiendo un concepto interesante y de actualidad: que ese tipo de guerra enfatiza lo que popularmente se percibe como metodologías no convencionales o no tradicionales. <u>Para Chenery, los retos asimétricos vienen a ser cualquier método no convencional o barato, usado para evitar fortalezas y explotar vulnerabilidades.</u>

En opinión de Kenneth F. McKenzie Jr., son aproximaciones no convencionales que evitan o minan las fortalezas del oponente, mientras que explotan sus vulnerabilidades, pero con dos objetivos siempre en mente:
• Obtener un efecto desproporcionado
• Afectar la voluntad de lucha del más fuerte. Pueden conseguir un poderoso efecto a través de la manipulación del elemento psicológico. En términos funcionales, la mente del enemigo se convierte en el blanco, como veremos más adelante.

En el ámbito de la inteligencia también se alzaron voces de advertencia, como la de Jeffrey B.White, quien en 1996 sostuvo, sin llamarla guerra asimétrica, sino guerra irregular, que tradicionalmente las mayores amenazas a la seguridad nacional de los EE.UU. han sido de Estados armados con tecnología moderna y poseyendo conceptos militares no muy diferentes de aquellos de los estadounidenses. Esto, dijo White, ha permitido a la comunidad de inteligencia enfocarse sobre las fuerzas de oponentes similares, haciendo más fácil la vida del analista, pero a la comunidad se le ha dejado menos preparada para conflictos que comprenden a enemigos y aliados disímiles. El enfoque sobre los componentes tradicionales del análisis de capacidades militares—orden de batalla, doctrina, economía para la defensa y así por el estilo—sirvieron bien a los EE.UU. en la Guerra del Golfo contra Irak, pero no tan bien en Somalia. La comunidad de inteligencia tiene que hacer estas cosas en tanto los EE.UU. enfrenten amenazas convencionales, pero la comunidad además necesita ser capaz de mirar con igual habilidad a las diferentes clases de amenazas que se dan en las guerras irregulares.

Para la comprensión de lo que los estrategas militares y los expertos en comunicación estratégica definen como Guerra de Cuarta Generación es preciso, primero, ingresar a una enmarcación global de la "Guerra" como concepto significante y evolutivo-transformacional de la historia humana.

En primer lugar, se debe precisar que la Guerra de Cuarta Generación fue concebida, en sus aspectos teóricos–prácticos, como una guerra de conquista (también diseñada como antídoto contra la guerra de liberación), por estrategas y expertos en comunicación estratégica del campo imperial-capitalista de la era trasnacional.

Por lo tanto, la Guerra de Cuarta Generación es una variante emergente de la evolución estratégica, doctrinaria y operacional, de las guerras imperiales desarrolladas a lo largo de la historia como principio de la dominación del hombre por el hombre que rigió, sin excepción, en todas las civilizaciones dominantes conocidas hasta ahora, incluido el sistema capitalista, como su último estadio de desarrollo.

En segundo lugar, y según lo que surge como comprobación fáctica y estadística de cualquier estudio estratégico, las guerras imperiales no se hacen para matar, sino para controlar y dominar.

(Cuando se erige el concepto "guerra", claro está, a las guerras de conquista, y no a las guerras de resistencia que los pueblos y sociedades fueron oponiendo a las civilizaciones imperialistas, y que no es materia de este trabajo).

En tercer lugar, la destrucción material y los genocidios humanos que producen las guerras (de conquista imperial) vienen como consecuencia de la búsqueda de control y dominio sobre un oponente que resiste, y no al revés.

Las guerras (de conquista imperial) no se planifican para matar, sino para apoderamiento de un objetivo estratégico siguiendo la motivación imperialista central de controlar para dominar, y su concepto de aplicación va desde territorios hasta sociedades y hombres.

El que planea una guerra de conquista no lo hace para matar, sino que lo hace con un objetivo estratégico de controlar y dominar blancos de apoderamiento trazados de antemano, sean territorios (guerra militar), recursos económicos y mercados (guerra económica), países y sociedades (guerra social), o mentes (guerra psicológica).

El objetivo estratégico de cualquier guerra de conquista (sea de orden militar, económico, político, o psicológico) es el de controlar para dominar.

El control del oponente es la base del dominio, a nivel del hombre y su entorno primero, y de los sistemas (políticos, económicos y sociales) que rigen las sociedades, después.

Cuando el primer hombre primitivo controló y dominó por medio de la fuerza a otro, estaba estableciendo el principio de la dominación del hombre por el hombre que rigió el desarrollo de todas las civilizaciones imperialistas conocidas hasta ahora, y cuya máxima expresión de desarrollo estratégico se da con el sistema capitalista.

Toda acción de dominación del hombre por el hombre (implícita en la guerra de conquista imperial) se rige por un axioma estratégico: para dominar, primero hay que controlar por medio de la guerra.

Por eso la dinámica funcional de la historia humana (en todos sus estadios) se rige por las estrategias de control y dominación desarrolladas por medio de las guerras imperiales.

La búsqueda del control y el dominio, a su vez, definen el carácter imperialista de las distintas civilizaciones que fueron marcando la evolución y el trazado de la historia humana a partir del dominio hegemónico.

_____ **Recuerde**: «En su desarrollo mediático–social, los jefes y oficiales de Estado Mayor de la Guerra Psicológica (4GW) ya no son militares, sino expertos comunicacionales en insurgencia y contrainsurgencia, que sustituyen a las operaciones militares por las operaciones psicológicas (OPS)»

La Guerra de Cuarta Generación tiene a muchos países en el escenario de sus objetivos políticos y ataques económicos. Esta guerra se basa en la desestabilización psicológica de la ciudadanía que genera una sensación de desorden, inestabilidad social y una confusión que impide que la verdad se conozca porque existen versiones diferentes y contradictorias de la misma.

En este juego de caos socializado, la mentira y el odio son los instrumentos intangibles que operan como los peones de un juego sucio del que no se tiene conciencia. Esta guerra se gesta en unos laboratorios de inteligencia conformados por equipos interdisciplinarios provenientes de diferentes áreas del conocimiento y sus cuarteles están en los medios de información, ya no en los partidos políticos. Sus acciones son ejecutadas a través de los «mass media» que convierten lo falso en real, una media verdad en noticia, una mentira en un acontecimiento internacional, pudiendo diseminarse sus contenidos sin ningún control a través de las redes sociales encargadas de replicarlas exponencialmente.

Esta guerra va reforzada por acciones que alteran la cotidianidad de los ciudadanos sin distinguirse adversarios y aliados al relacionarse con lo real de una escasez de productos de la dieta diaria, del acaparamiento de productos claves de uso personal, del aumento progresivo de los precios que inciden en el impacto inflacionario, etc.

Esta guerra no convencional, diseñada por el poder imperial, genera en las fuerzas revolucionarias un problema funcional y de filiación terrible al determinarse que el adversario virtual se presenta en la realidad en el hijo, la hermana, la amiga fraterna, el jefe del trabajo, el vecino, el compañero de asados, el profesor admirado, el cura, la novia o la esposa.

Las consecuencias de este proceso dispersor es la fractura de familias, grupos de amigos, noviazgos, matrimonios, empresas, entre otros. No se olvide que el propósito de esta guerra es quebrantar el sentimiento filial, segmentar grupos sociales y anulares los vínculos que una nación necesita para su integración.

La Guerra de Cuarta Generación se traduce en escaramuzas inocentes y enfrentamientos verbales y de grupos a través de axiomas comunicacionales a través del twitter, descalificación por el Facebook o mensajes de texto en cadena. La confrontación aparece sin ideologías entre sujetos sin historia ni contextos.

El paradigma de esta guerra tiene un marco conceptual y operacional que se da en nuestras mentes y se refuerza en los comentarios del día, en las compras cotidianas, en los abastos frente a una especulación inexplicable y en las farmacias con medicamentos clave desaparecidos de las vitrinas.

No olvidemos que el fin de esta particular guerra es alienar nuestra conciencia para neutralizarnos y dominarnos mediante la inseminación del miedo, la defensa de una democracia estandarizada, la falsa dignificación de los derechos humanos, el rescate de una libertad que los venezolanos ya poseemos y el ofrecimiento de una salvación externa proveniente siempre de los países del norte; nunca la discusión tendrá como escenario autónomo los países en conflicto.

Esta guerra declarada en muchos países en América Latina será sin cuartel porque el verdadero propósito no es la defensa de la democracia sino la posesión absoluta del petróleo y el agua. Mirémonos en las guerras de Irak, Libia, Egipto, Túnez y Siria.

Recuerde las Guerras de Cuarta y Quinta Generación forman parte de las Guerras No Convencionales. – ¡Jamás lo olvide!

CINCUENTA PUNTOS QUE DEBE CONOCER SOBRE LA GUERRA NO CONVENCIONAL

El Estado Mayor de los Estados Unidos describió, en cincuenta puntos, la Guerra No Convencional (GNC). El Documento está denominado, como el **ATP 3–05.1**, y fue divulgado en septiembre de 2013. La Escuela y Centro de Guerra Especial del Ejército John F. Kennedy, trabajó en su elaboración.

Antes de leer los cincuenta puntos, se debe tener en cuenta las siguientes recomendaciones:

- El Documento está preparado por el Estado Mayor, de los Estados Unidos.

- Está lleno de eufemismos y giros lingüísticos, que ocultan la realidad y disimulan sus perversas intenciones. Por ejemplo, llaman "resistencia", a los grupos terroristas que ellos mismos arman, para derrocar a Gobiernos legítimos, electos de manera democrática. Definen como "gobierno hostil", a una nación que no obedece a los intereses hegemónicos de los Estados Unidos.

- Se debe tener, muy en cuenta, que ellos legitiman su accionar delictivo, por lo tanto, se presentan como "el lado correcto de la historia".

- Los factores políticos y terroristas, que atacan las estructuras legales y desestabilizan un país, se presentan como "aliados necesarios", para recuperar la libertad.

- Lo que ustedes van a leer, es el previo y criminal plan de trabajo que ejecuta el Pentágono, para dar golpes de estado.

- EE.UU. reconoce, en el texto, la necesidad de buscar aliados internos, que defiendan sus intereses imperiales, en los países que buscan invadir.

- EE.UU. describe, paso a paso, cómo sus aliados políticos, a lo interno, deben organizarse.

Inicio: Traducción propia

1. La Guerra No Convencional (De ahora en adelante, se abreviará GNC), consiste en la realización de actividades encaminadas a posibilitar un movimiento

de resistencia o insurgencia. La GNC apoya los esfuerzos de un grupo de oposición (movimiento de resistencia o insurgencia), en conflicto con un gobierno establecido, autoridad gobernante o fuerza ocupante, que ejerce la autoridad y/o control sobre un territorio y/o población específicos.

2. La GNC pretende coaccionar, alterar, o derrocar a un enemigo, que ocupa el poder o gobierno. Los objetivos de la GNC van, desde el apoyo a un grupo de la resistencia, opuesto a la autoridad gubernamental en el poder, hasta la instauración de otro gobierno.

3. La GNC se lleva a cabo mediante, o con, una fuerza clandestina, auxiliar y de guerrilla. Los grupos de oposición se organizan en torno a estos elementos interrelacionados, en función de su entorno (urbano, rural, o mixto). Si una insurgencia o resistencia está siendo apoyada por EE.UU., las Fuerzas de Operaciones Especiales (FOE) deben de operar con, o a través de, todos los elementos del grupo opositor. La esencia de la GNC está en la aplicación indirecta de las capacidades del Gobierno de EE.UU., a través de los actores locales.

4. La GNC se lleva a cabo en un área denegada. Las acciones y actividades iniciales de GNC, en apoyo a un grupo opositor, o dirigidas contra una autoridad en el gobierno, son, por lo general, ejecutadas en áreas y en entornos donde las autoridades gobernantes tienen la capacidad y la voluntad de negar el libre accionar del grupo opositor. Sin embargo, no todas las acciones y actividades en apoyo a la GNC, se realizan en tales escenarios.

5. La creciente complejidad de los futuros escenarios operacionales, y la dispersión resultante del poder – desde los estados-nación hasta los actores no convencionales, híbridos, irregulares, no estatales, o estados transnacionales–, pueden hacer menos eficaces, o menos adecuadas, las aplicaciones tradicionales de los elementos del poder nacional, para alcanzar los objetivos nacionales de EE.UU.

6. Los hacedores de política, jefes militares y planificadores, deben recordar que la GNC no significa automáticamente "derrocamiento", y escasamente está asociada a ese término.

7. Es prácticamente seguro, que algunas potencias emergentes tendrán intereses que son hostiles a los de EE.UU. Tales potencias pueden convertirse en blancos legítimos para las opciones de coerción y de interrupción del arte de gobernar nacional, proporcionados por las capacidades de GNC de EE.UU.

8. La GNC es una herramienta político-militar estratégica nacional. Bajo ciertas circunstancias, la GNC puede proporcionar la única opción viable, a través de la cual EE.UU. puede alcanzar sus objetivos. La GNC es, esencialmente, una combinación de aplicaciones directas e indirectas del poder nacional, para promover grupos foráneos relevantes de oposición, insurgencias, o movimientos de resistencia opuestos a un gobierno nacional u otra autoridad de gobierno.

9. La GNC del siglo XXI traduce la estrategia nacional y la política, en un concepto operacional, que brinda a los hacedores de política nacional una opción política

estratégica, apropiada y rentable, integrada por una serie de acciones interrelacionadas del Gobierno de EE.UU., dirigidas a alcanzar los objetivos estratégicos y operacionales dentro del Área Conjunta de Operaciones Especiales (JSOA por sus siglas en inglés).

10. El establecimiento de las condiciones necesarias, para ejecutar con éxito la GNC, implica un significativo riesgo político estratégico. La naturaleza sensible de las operaciones especiales, los métodos por los cuales se llevan a cabo, así como las repercusiones de la fallas, requieren, del jefe de la Fuerza Conjunta, la realización de una amplia planificación y preparación, a través del Departamento de Defensa, para reducir el riesgo a un nivel aceptable.

11. La GNC, como un elemento de la guerra irregular, tiene uso en toda la gama de operaciones militares en diferentes escenarios operacionales. Los grupos de oposición pueden desafiar al gobierno o a la fuerza ocupante, cuando exista insatisfacción o quejas por parte de una parte de la población. Ninguna nación o región geográfica es inmune a esa posibilidad. Si estos grupos se oponen a los poderes del gobierno, que es hostil a los intereses de EE.UU., y tienen el potencial, o están comenzando a transitar hacia la violencia organizada, la GNC puede ser una opción apropiada, asociada con acciones militares convencionales.

12. Existen ciertas condiciones previas, necesarias para el éxito de la GNC, algunas de las cuales están fuera de control, y otras que pueden ser influenciadas. La condición más importante es la compatibilidad de los

objetivos del grupo de la oposición, con los del gobierno de EE.UU. (alineado o alineados lógicamente).

13. La ejecución óptima de la GNC, utiliza un enfoque abarcador, donde las operaciones militares apoyan, y/o son respaldadas por, otras agencias y departamentos del Gobierno de EE.UU., como parte una campaña integral. Sólo el Jefe del Comando de Operaciones Especiales de EE.UU. tiene la responsabilidad de estar preparado para llevar a cabo una campaña de GNC, sin la participación de algún o algunos de los otros departamentos y agencias del Gobierno estadounidense, incluyendo la necesidad de cumplir misiones inherentes a funciones civiles.

14. La GNC requiere una mentalidad de campaña y, como cualquier acción militar del siglo XXI, requiere la participación temprana y permanente de interagencias, la colaboración y un sólido entendimiento común sobre la estrategia, de llevar a cabo la GNC. Actuando como socios, los departamentos y agencias del Gobierno estadounidense deben asumir, cada vez más, una estrecha integración, colaboración e innovación, para facilitar el apoyo a los esfuerzos diplomáticos, políticos, informativos, militares y económicos del grupo opositor, en la búsqueda de objetivos que se alineen con los intereses nacionales de EE.UU.

15. El potencial de los recursos claves de un adversario y las actividades a ser integradas dentro de los sistemas globales o regionales, consolida la necesidad de la fuerza conjunta de desarrollar una GNC, que incluya múltiples líneas de operaciones, y, selectivamente, involucre a varias autoridades y capacidades

locales dentro del gobierno estadounidense y sus aliados. Esta colaboración incrementa significativamente la capacidad del Gobierno de EE.UU. para alcanzar sus objetivos nacionales, y establecer las condiciones para el apoyo, post conflicto, a la autoridad gubernamental que se establezca.

16. El Comando de Operaciones Especiales de EE.UU., prevé la provisión de fuerzas especializadas desarrolladas, reclutadas, seleccionadas, entrenadas, organizadas, equipadas y capaces de realizar las acciones militares de la GNC.

17. El Comando de Operaciones Especiales del Ejército de EE.UU. sirve como elemento principal del Comando de Operaciones Especiales, para todos los asuntos relacionados con las Operaciones Especiales en la realización de la GNC y ejecución de esta como tarea principal.

18. Hay dos tipos distintos de esfuerzos de GNC, cada uno con distintos niveles de riesgo político asociado. Uno es, cuando la GNC es sólo una línea de operación dentro del esfuerzo militar, y el instrumento militar del poder nacional es el esfuerzo dominante, dentro del contexto más amplio de acción unificada del gobierno de EE.UU. En este tipo de campaña, la participación militar es en gran escala y abierta, y, por lo general, implica operaciones importantes.

19. El segundo tipo, es cuando la GNC se emplea como el esfuerzo principal, ya sea, como una iniciativa, o como respuesta a la agresión. En este tipo de campaña, la fuerza militar abierta y dominante es poco práctica o imposible.

20. Hay tres posibles objetivos para la participación en gran escala. El objetivo es facilitar la introducción eventual de fuerzas convencionales; facilitar las operaciones ofensivas o defensivas de los aliados; o desviar los recursos del enemigo fuera del área operacional.

21. Las fuerzas de la GNC pueden funcionar como instrumentos eficaces en la preparación psicológica de la población, para la introducción de las fuerzas convencionales. Además, las medidas de engaño, y otras, pueden convencer a los líderes enemigos de desviar recursos fuera del área principal de esfuerzo, cuando en realidad no sea necesario hacerlo. Por ejemplo, EE.UU. puede hacer llegar mensajes que sugieran operaciones guerrilleras en ciertos lugares, ocasionando que los líderes enemigos desvíen sus fuerzas fuera de la ruta real de avance, para enfrentar una amenaza inexistente.

22. Durante la GNC a gran escala, las operaciones se centran principalmente en los aspectos militares del conflicto, debido a la eventual introducción de fuerzas convencionales. Por lo general, la tarea consiste en alterar o degradar las capacidades militares del enemigo, con el fin de hacerlo más vulnerable a la introducción de fuerzas convencionales. El Gobierno de EE.UU. puede ejecutar acciones y transmitir mensajes, para interrumpir y degradar las capacidades del enemigo, socavando la moral, cohesión y unidad.

23. Las fuerzas de la resistencia asumen un mayor riesgo en los escenarios de guerra a gran escala, al exponer, casi toda su infraestructura, en los

intercambios y en los contactos con las fuerzas de la coalición que realizan la invasión. El principal reto consiste en sincronizar los esfuerzos de la resistencia y, a la vez, mantener un grado de seguridad operacional para la invasión.

24. Si la intención de la operación de GNC es la creación de un área que facilite la entrada de una fuerza invasora, el reto está en garantizar que las operaciones de la resistencia complementen las de las fuerzas invasoras.

25. Con algunas excepciones, resulta relativamente simple, para las fuerzas estadounidenses, obligar a un adversario a que lleve sus fuerzas a un área alejada del posible lugar de la invasión. El reto en ese escenario consiste en determinar las acciones de la resistencia, que puedan llevar a las respuestas deseadas y el momento, para comenzar las operaciones, con vistas a afectar el proceso de toma de decisiones del adversario.

26. Por lo general, EE.UU. emplea operaciones de participación limitada para presionar a un enemigo. Ejemplos de este tipo de esfuerzo de GNC, por parte de EE.UU., incluye los siguientes: Los Estados del Báltico (Estonia, Lituania, Letonia–1950); Guatemala (1954); Albania (1949–1954); Tíbet (1955–1965); Indonesia (1958); Cuba (1961–1964); Vietnam del Norte (1961–1964); Afganistán (1980).

27. Durante las misiones de participación limitada, toda la operación tiene lugar en ausencia de hostilidades abiertas y eventuales, por parte de quien

la patrocina. Tales operaciones adquieren una connotación estratégica, y políticamente sensible.

28. Generalmente, EE.UU. limita su participación directa, con lo cual reduce el riesgo de consecuencias no deseadas, o de una prematura escalada del conflicto.

29. Hay ciertas características de un movimiento de resistencia, que favorecen el apoyo estadounidense. Esta lista se diferencia, de varias listas de características, a través de las cuales se analizan los movimientos de resistencia y de insurgencia. Los siguientes párrafos presentan las características de un movimiento favorable.

30. La voluntad genuina de cooperar y colaborar con EE.UU., debe existir dentro del liderazgo de la fuerza nativa. No sería realista esperar que un líder renuncie al control de sus fuerzas, a favor de EE.UU. Por lo general, los líderes insurgentes esperan retener la autoridad y el control de sus fuerzas, a la vez que benefician su causa mediante la colaboración con EE.UU. Los mensajes persuasivos, dirigidos a importantes jefes y grupos, pueden incrementar su voluntad de aceptar el apoyo estadounidense.

31. Los movimientos exitosos deben tener, objetivos compatibles y una ideología que mantenga unida a sus fuerzas. Las unidades de las FOE (Fuerzas de Operaciones Especiales) pueden emplear técnicas persuasivas y mensajes, instando a las comunidades a unirse, en diferentes grupos, por una causa común. Una vez que los grupos se unan, otros mensajes pudieran estar dirigidos a reforzar la unidad, al crear

una ideología, reforzar la cohesión organizacional y destacar los objetivos comunes.

32. Los líderes de los movimientos de resistencia son cautelosos a la hora de formar nuevas asociaciones. Para comprender a los líderes insurgentes, resulta importante conocer sus motivaciones y deseos. Los planificadores deben tener en cuenta lo que EE.UU. está demandando y ofertando, a cambio de la perspectiva insurgente. El mejor líder no es siempre, aquel con el que mejor se trabaja desde un inicio; de hecho, un líder demasiado acomodado, puede resultar incapaz y estar interesado, desde un inicio, en beneficios personales.

33. Las apreciaciones de las Operaciones Militares de Apoyo Informativo son recursos importantes de información, sobre las características psicológicas de los líderes y sus grupos. Estos análisis proveen un nivel de predicción sobre el comportamiento futuro de estos potenciales socios.

34. Algunas de las consideraciones claves, para evaluar la factibilidad, adecuación y aceptabilidad de la GNC, son las siguientes: Cuando se ejecuta y coordina ade-cuadamente, la GNC contribuye al establecimiento de una resolución de crisis internacional, en términos favorables para EE.UU. o sus aliados, sin la necesidad de un compromiso abierto de fuerzas convencionales estadounidenses; La realización de la GNC puede tener una utilidad político–militar estratégica, que puede alterar el balance de poderes entre estados soberanos; La GNC frecuentemente conlleva riesgos políticos significativos, tanto dentro, como fuera del país;

Aunque la GNC puede ser una línea de operaciones durante la guerra, muchas actividades de esa guerra son llevadas a cabo en tiempo de paz, y subordinadas al gobierno; La GNC demanda, usualmente, una variedad mixta de actividades encubiertas y clandestinas; Cada instancia específica de la GNC es exclusiva, basada en las características humanas y del escenario de la misión; Las operaciones de GNC, en especial aquellas en las que las redes clandestinas de la resistencia o la insurgencia están establecidas, requieren tiempo para consolidarse y alcanzar el máximo de efectividad.

35. Hay tres categorías que los planificadores utilizan para decidir, a la hora de proporcionar el apoyo. El primer criterio, es la factibilidad que depende de las condiciones humanas y físicas del ambiente. El segundo criterio, es la conveniencia, que junto a la aceptación, como tercer criterio, depende de las características del movimiento de resistencia.

36. Existen condiciones ambientales y físicas específicas, que aseguran el éxito de la resistencia o insurgencia. Las tres condiciones principales son, un gobierno o poder de ocupación debilitado –o no consolidado–; una población segmentada; y un terreno favorable, para organizar y mantener la resistencia armada o la subversión.

37. Resulta extremadamente difícil organizar con éxito una resistencia bajo un gobierno consolidado totalmente, o un poder de ocupación con un fuerte aparato de seguridad interno. A pesar de la insatisfacción general de la sociedad, la resistencia

tiene poca oportunidad de desarrollar la infraestructura de apoyo necesaria para lograr el éxito.

38. Un porcentaje de la población debe tener, no sólo el deseo de resistir, sino también la voluntad de hacerlo, para enfrentar las penurias asociadas a las contramedidas represivas del gobierno, o del poder de ocupación.

39. Las actividades de información, que incrementan la insatisfacción con el régimen hostil o de ocupación, y que presentan a la resistencia como una alternativa viable, son componentes importantes de los esfuerzos de la resistencia. En la medida que el nivel de apoyo a la insurgencia se incremente, la mayoría pasiva decrecerá. Además, los planificadores de la GNC, no deben ignorar el importante papel que las diásporas pueden jugar en la fabricación de la simpatía internacional de la resistencia, y disminuir el apoyo, al régimen en el poder, desde una relativa libertad, fuera del país objetivo.

40. Para realizar las operaciones, las fuerzas de la resistencia necesitan un terreno físico y humano que las proteja. Este terreno debe poseer la seguridad suficiente que les permita entrenarse, organizarse y recuperarse.

41. Un aspecto importante del factor humano, es la oportunidad que brinda a la resistencia para acceder a las áreas de la población controladas por el enemigo, con el propósito de diseminar información sobre la resistencia y sus objetivos, y establecer líneas de comunicación beneficiosas con comunicadores seleccionados.

42. Las unidades de las FOE pueden, a veces, negar las limitaciones del terreno físico para conformar el ambiente operacional. Los planificadores deben considerar toda la gama de plataformas tecnológicas de mensajería, desde los medios de comunicación social (la proliferación de teléfonos inteligentes, en las zonas del tercer mundo, sigue creciendo), hasta las plataformas heredadas de la Guerra Fría de transmisores de onda corta, para la transmisión de mensajes en áreas donde las cadenas montañosas impiden la visibilidad directa de las señales de radio de frecuencia modulada, dirigidos a un segmento específico de la población.

43. La planificación sigue siendo limitada, hasta que el liderazgo valide ciertas suposiciones. Si las operaciones continúan, sin una evaluación adecuada de factibilidad, la probabilidad de consecuencias no deseadas es alta.

44. La apreciación analiza la viabilidad, aceptación y conveniencia de una misión. Se trata de una evaluación basada en la misión, enemigo, terreno y clima, tropas, apoyo disponible y consideraciones civiles, para determinar si los medios y recursos necesarios están disponibles para satisfacer las exigencias de la misión. Igualmente, se encarga de analizar si el beneficio potencial o efecto deseado, justifica, o no, las posibles pérdidas o costos. Por último, la evaluación determina si los esperados objetivos a alcanzar lograrían los efectos propuestos.

45. Las áreas normales de preocupación que componen una apreciación de viabilidad son los si-

guientes: ¿Hay grupos que podrían convertirse en una fuerza viable con la asistencia?; ¿Está EE.UU. en contacto con, o puede ponerse en con, personas que representan el potencial de resistencia en un área?; ¿Existen líderes capaces, cuyos objetivos son compatibles con los de EE.UU., y que están dispuestos a cooperar?; ¿Puede EE.UU. influenciar a los líderes a seguir cumpliendo con los objetivos estadounidenses?; ¿Son aceptables las tácticas de grupos, y su conducta en el campo de batalla, según las normas establecidas en el manual de campaña FM 27-10, y para la población de EE.UU. y el mundo?; ¿Apoyará el entorno, geográfica y demográficamente a las operaciones de la resistencia?; ¿Tiene el enemigo el control eficaz de la población?; ¿El beneficio potencial, vale el riesgo potencial? ¿Es políticamente aceptable, la participación de este grupo, para otros socios regionales?

46. Todos los efectivos estadounidenses, participantes en una GNC, deben ser capaces de apoyar al jefe a responder estas preguntas. Lo apoyan mediante puntos de vista personales, sobre la posibilidad de desarrollar capacidades específicas de resistencia, y así conformar la apreciación sobre la factibilidad.

47. Un recurso valioso son los emigrados, particularmente en las regiones en las que la cultura no resulta familiar para los planificadores. Sin embargo, la influencia de un expatriado, en un país dado, puede resultar inversamente proporcional al período de tiempo en que, éste, ha estado fuera de su tierra natal.

48. Mientras se determina la viabilidad de una campaña potencial, los planificadores deben tener claros los objetivos, el estado final deseado y el conocimiento exacto sobre el nivel de apoyo disponible y aceptable. Sin estas especificidades, sería inútil sentarse a negociar con las fuerzas de la resistencia.

49. Las FOE pueden comprometer activamente a su contraparte de la resistencia, para que se adhieran a las normas internacionales de conducta, y a la ley. Además, en interés de unificar a los grupos y lograr la cohesión, pueden cambiar actitudes y creencias sobre otros grupos que participan en la resistencia. Las FOE deben ejercer influencia sobre los facilitadores de Operaciones de Guerra Psicológica y Asuntos Civiles, para ayudar al compromiso e influencia de sus socios. En circunstancias, donde la resistencia tiene un santuario fuera del territorio denegado, los elementos de Asuntos Civiles y las Unidades del Área Conjunta de Operaciones Especiales, pueden ser capaces de establecer un vínculo directo para brindar apoyo.

50. Los planificadores necesitan ser cuidadosos, al intentar resolver la carencia de una resistencia, creando fuerzas que no sean las auténticas. Históricamente, EE.UU. no ha tenido éxito al crear y trasladar, este tipo de fuerzas de la resistencia, a escenarios en los que no existe una infraestructura clandestina, que vincule la población local con las fuerzas extranjeras.

Cuidado: "A ellos no les importa si sus acciones atentan contra ti, les importa el poder al precio que sea, incluso la vida de millones de inocentes". – Fin de la cita.

LA GUERRA PSICOLÓGICA CONTEMPORÁNEA: PARTE DE LA GUERRA NO CONVENCIONAL

En el 2009 la **Dra. Liuba Peña** (Especialista de 2do Grado en Psiquiatría. Investigadora Auxiliar. Profesora Asistente. Master en Humanidades Médicas. Hospital Clínico Quirúrgico Docente. Dr. "Octavio de la Concepción y de la Pedraja". Camagüey. Cuba), la **Dra. Ludmila Casas** (Dra.C. Especialista 2do. Grado en MGI. Profesora Titular. Universidad de las Ciencias Médicas Camagüey) y la **profesora Magaly Mena** (Profesora Titular de Informática Médica. MSc. Universidad de las Ciencias Médicas Camagüey), realizaron una revisión bibliográfica con el objetivo de estudiar el origen y desarrollo de la guerra psicológica contemporánea y su relación con el quehacer sociopolítico mundial. Teniendo en cuenta las definiciones de guerra psicológica, operaciones psicológicas y guerra de cuarta generación, se argumenta las interrelaciones dialécticas y las diferencias, y describieron las diferentes fases de la guerra hasta la cuarta generación. Como elemento fundamental, plantearon que la guerra convencional y la guerra psicológica persiguen el mismo objetivo, la ocupación de los países en cuestión.

COMIENZO

De las nefastas consecuencias de la guerra ya Sigmun Freud había escrito refiriéndose a como esta viola el derecho internacional con su ciega cólera derribando "cuanto le sale al paso, como si después de ella ya no hubiera de existir futuro alguno ni paz entre los hombres" ... "no reconoce ni los privilegios del herido y del médico, ni la diferencia entre los núcleos combatientes y pacíficos de la población"... una de las grandes naciones civilizadas se ha hecho universalmente tan poco grata, que ha podido arriesgarse la tentativa de excluirla, como "bárbara" de la comunidad civilizada".

La guerra psicológica consiste en asustar al enemigo para reducir sus posibilidades de éxito en el combate. La guerra psicológica busca, por un lado, paralizar al adversario, derrotarlo antes de que siquiera entre a combatir y, por otro lado, ganar las "mentes y los corazones" de las personas que no se piensa aniquilar.

La guerra no se gana solo en las trincheras, o desde el aire con refinados y sofisticados sistemas de armas automatizadas; hay que ganarla también en las mentes de la gente, tanto en el bando propio como en el enemigo.

El ejemplo clásico que se tiene de cómo supuestas operaciones psicológicas fueron planeadas y se aplicaron en la batalla, aparece en los escritos del estratega chino Sun Tzu Sun, quien se propuso subyugar a su enemigo "sin disparar un tiro." Encontramos otro ejemplo en los famosos alardes de Genhis Khan (el general mongol Temujin) quien debilitaba la voluntad combativa del enemigo diseminando rumores acerca de la fuerza y ferocidad de su propio ejército. Su planificación fue sencilla, sobresaliente y eficaz.

El concepto de guerra de nervios es sinónimo de guerra de zapa, que era la terminología utilizada por San Martín uno de los creadores de la guerra psicológica moderna. San Martín, en el Perú, manejó exclusivamente el factor psicológico. Pudo, de esa manera, llegar a Lima sin disparar un solo tiro y con la pérdida de muy pocos hombres, registrada en combates aislados y de escasísima importancia.

Durante la I Guerra Mundial, las operaciones psicológicas adquirieron formalidad. Casi todos los países involucrados en la guerra, utilizaron alguna forma de propaganda en sus estrategias y sus tácticas, y la mayoría de ellos organizaron unidades militares especializadas en esa actividad.

Las actividades propagandísticas comenzaron a conocerse como "operaciones psicológicas" o (Guerra Psicológica), durante la Segunda Guerra Mundial.

Una acción psicológica significativa fue el bombardeo realizado a Tokio, después del ataque a Pearl Harbor, como venganza, que violó todo lo establecido por el derecho internacional humanitario, pero lo más siniestro que conmocionó a la opinión pública internacional con un unánime rechazo fue el lanzamiento de las bombas atómicas a las ciudades de Hiroshima y Nagasaki en Agosto de 1945, cuando no había justificación para hacerlo.

El elemento fundamental de la guerra psicológica aplicada al principio (todavía hoy, y la perspectiva futura) es la superioridad tecnológica y militar avasalladora y la invisibilidad de los ejércitos.

Durante la Guerra de Vietnam, en el frente psicológico se libró lo, que el Pentágono llamó la batalla por las "ideas y corazones" –the battle for hearts and minds– del adversario, se abría la falta de diferencia entre frentes de batalla y zonas de comunicación, una ofensiva total y sin cuartel.

Las últimas guerras desarrolladas han demostrado que las guerras se ganan por la combinación de formas y métodos de lucha. El desgaste psicológico y la subversión ideológica se oponen a la conciencia política, la voluntad de lucha y la capacidad de resistencia psicológica, y las batallas que se libran en esta esfera desde la paz. Esto confirma que frente al enemigo con supremacía militar y tecnológica, las batallas políticas, ideológicas y psicológicas y las formas de lucha irregular adquieren singular importancia en la defensa del país.

Las guerras actuales comienzan a librarse en la esfera de las ideas y los sentimientos, casi simultáneamente en el terreno de la opinión publica nacional de agresor, en la arena internacional y en el país que será objeto de la agresión, para después pasar a su conjunción con la lucha armada y acompañarla durante toda la extensión del conflicto, imbricándose de tal manera que en ocasiones resulta difícil discernir cuanto de fines militares o psicológicos persigue una acción militar. La agresión a Irak, el proceso de ocupación y pacificación, y la respuesta dada al agresor, corroboran que la capacidad militar norteamericana para agredir a otros países se basa esencialmente en sus incomparables potenciales económico, tecnológico y militar, así como en el establecimiento de una correlación internacional de fuerzas favorables, sobre todo en el ámbito diplomático para lograr lo que los estrategas militares norteamericanos llaman en la actualidad "Dominio de Amplio Espectro".

EN DESARROLLO

El desarrollo de los planes militares de los Estados Unidos en el presente siglo se basa en siete paradigmas que consideran:

- La revolución en los asuntos militares: es un fenómeno de cambios sistemáticos en la guerra, basado en el desarrollo tecnológico, la concentración del poder militar de los Estados Unidos y unos pocos aliados. Michel Mazaar en 1955 la definió como: son los grandes cambios en la naturaleza de la guerra producidos por la aplicación innovadora de nueva tecnología, que combinados con otros cambios drásticos en la doctrina militar y en los conceptos operacionales y organizacionales, alteran fundamentalmente la naturaleza y la conducción de las operaciones militares.

- La integración funcional entre civiles y militares: se desarrolla en dos procesos paralelos: primero en la revolución en los asuntos de negocio, dada en la integración de entidades civiles con el complejo militar industrial, y segundo, en la creciente interacción entre civiles y militares en el nivel de la toma de decisiones.

- La asimetría está dada por adversarios capaces de resistir por un tiempo prolongado y provocarle continuas bajas humanas al agresor.

- La guerra de la información: ampliamente desarrollada por los estados Unidos y sus aliados, engendra vulnerabilidades globales.

- La defensa contra la proliferación de armas de destrucción masiva: constituye un reto asimétrico. Incluyen el armamento nuclear, las armas químicas y las bacteriológicas.

El poder espacial. Constituye el concepto fundamental de la geopolítica del siglo XXI.

- La proyección del poder global. Es la meta del sistema estratégico norteamericano. El término de presencia futura ha sido sustituido por el de presencia global. El patrón de fuerzas acantonadas en bases ultramarinas es ya obsoleto utilizándose el de omnipresencia global.

- Golpe preventivo: un concepto importante incorporado a partir del 2002 por los Estados Unidos que según el Departamento de Defensa, consiste en iniciar un ataque cuando existan evidencias innegables de un inminente ataque del enemigo.

GUERRA PSICOLÓGICA. DEFINICIONES Y CARACTERÍSTICAS

La guerra psicológica, identificada como un sistema dialéctico, se expande en una concepción de guerra total. Hitler dijo que las guerras del futuro serían luchadas antes de comenzar las operaciones militares, "a través de la confusión mental, la contradicción de los sentimientos, la indecisión y el pánico". También William Donovan y Edmund Taylor, directores de la OSS, (GESTAPO, policía secreta Nazi) tenían como objetivo "incitar a la disensión, a la confusión y al desorden dentro de los países enemigos". Según Donovan, "las operaciones psicológicas encubiertas halagan las mentes de aquellos que se desean manipular con la voz confidencial de un amigo aceptado".

La guerra psicológica, o guerra sin fusiles, es el empleo planificado de la propaganda y de la acción psicológica orientadas a direccionar conductas, en la búsqueda de objetivos de control social, político o militar, sin recurrir al uso de la armas.

Jorge Márquez (1997), la definió como: "medio de lucha que emplea en forma sistemática la propaganda y otros procedimientos para doblegar la voluntad y el espíritu del enemigo, persigue el propósito de influir en las opiniones, sentimientos, actitudes y en los actos del enemigo. Así como también en los pueblos y los países, ya sean enemigos o neutrales".

La definición clásica de lo que sería Guerra Psicológica, que toma el Departamento de Defensa (DoD) de los EE.UU. dice que es: "el uso planificado de la propaganda (hoy muchos prefieren denominarla con el eufemismo de Public Diplomacy ó Communication management) y de otras acciones psicológicas con el propósito primario de influir en las opiniones, emociones, actitudes y conductas de grupos extranjeros hostiles para lograr el apoyo para la consecución de objetivos nacionales".

Operaciones psicológicas (OPSIC), es un término que reemplaza al de guerra psicológica en 1957, (aunque en la actualidad se utilizan simultáneamente) a las acciones planificadas para trasmitir a las audiencias extranjeras información y señales selectivas e influir en sus emociones, motivaciones, razonamientos y finalmente en la conducta de los gobiernos, organizaciones, grupos e individuos extranjeros. El propósito de las operaciones psicológicas está encaminado a inducir o reforzar en las audiencias extranjeras las actitudes y conductas que sean favorables a los objetivos de los que las originaron.

Estados Unidos establece claramente la distinción entre un programa informativo internacional a nivel estratégico y las operaciones psicológicas a nivel táctico o de campo de batalla. Las operaciones psicológicas 13 designan un conjunto muy amplio de actividades que van de la propaganda radial a la tortura y demandan conocimientos profundos sobre las poblaciones a las que van dirigidas. En un documento redactado en 1948, las fuerzas terrestres estadounidenses definen así la «guerra psicológica» Esta emplea medios físicos o morales diferentes a las técnicas militares ortodoxas, medios que buscan:

- Destruir la voluntad y la capacidad combativa del enemigo.
- Privarlo del apoyo de sus aliados.
- Acrecentar entre nuestras tropas y las de nuestros aliados la voluntad de vencer.

La diferencia entre ambos conceptos está en que la guerra psicológica se restringe al enemigo, mientras que las operaciones psicológicas se diseñan hacia audiencias extranjeras en general.

En el desarrollo de la guerra psicológica se articulan estrechamente: el departamento de estado y las agencias gubernamentales, los medios de información, la organización militar -las fuerzas armadas, (el ejército y la fuerza aérea - y las estructuras desarrolladas por la Agencia Central de Inteligencia (CIA) para las operaciones encubiertas.

Las acciones psicológicas se sustentan en las militares, así como en la utilización de determinados armamentos, es importante el movimiento de tropas, maniobras, demostraciones de fuerza y otros dirigidos a crear un efecto psicológico negativo en el adversario.

La guerra psicológica utiliza toda arma que pueda influenciar la voluntad del enemigo. Las armas son psicológicas solamente por el efecto que producen y no por su naturaleza misma. Por ello, la propaganda abierta (blanca), secreta (negra) o gris -subversión, sabotaje, asesinatos, operaciones especiales, guerrilla, espionaje, presiones políticas, culturales, económicas y raciales- son consideradas como armas utilizables en el marco de la guerra psicológica.

La guerra psicológica pretende tres objetivos fundamentales:

- Desarticular las organizaciones populares simpatizantes del enemigo.
- Debilitar las bases de apoyo en los sectores de la población.

- Eliminar la oposición política.

El fin de la guerra psicológica es destruir la moral del enemigo para lograr la victoria militar y para ello se emplean dos métodos diferentes, uno el militar y otro el político. El método militar se practica en los campos de batalla, directamente contra el combatiente, mientras que el método político se dirige hacia la retaguardia, básicamente contra la población civil.

Como en la guerra militar, un plan de guerra psicológica está destinado a aniquilar, controlar o asimilar al enemigo. En este tipo de confrontación la guerra psicológica [7] persigue transformar a los individuos (llamados individuos-masa) en "soldado cooperante" de los planes de dominio y control social establecidos por el capitalismo trasnacional y la potencia imperialista regente.

Otra expresión de la «guerra psicológica», fue el proyecto Camelot, consistió, en los años 60, en establecer modelos sobre los procesos que conducen a revoluciones nacionales en los países del Tercer Mundo para facilitar la dirección de operaciones de contra-insurrección.

El proyecto Camelot, consiste, en los años 60, en establecer modelos sobre los procesos que conducen a revoluciones nacionales en los países del Tercer Mundo para facilitar la dirección de operaciones de contra-insurrección. Camelot ilustra a la perfección la intensificación de las relaciones entre los estudiosos del comportamiento y los servicios secretos estadounidenses. Emprendido en 1963, este proyecto, destinado a facilitar las intervenciones en Yemen, Cuba y el Congo belga, debe –teóricamente– permitir prever y prevenir el riesgo de la revolución.

En cuanto a la evolución de la fases de la guerra hasta la tercera generación se describe así: **Fase inicial:** Arranca con la aparición de las armas de fuego y alcanzaría su máxima expresión en las guerras napoleónicas. Las formaciones lineales y el "orden" en el campo de batalla constituyen sus principales rasgos y el enfrentamiento entre masas de hombres, su esencia. La Guerra de Primera Generación corresponde a los enfrentamientos con tácticas de líneas y columnas. **Fase segunda:** Comienza con el advenimiento de la Revolución Industrial y la disponibilidad en el campo de batalla de medios capaces de desplazar grandes masas de personas y de desatar poderosos fuegos de artillería. El enfrentamiento de potencia contra potencia y el empleo de grandes recursos, constituye el rasgo esencial de esta generación. La Primera Guerra Mundial es su ejemplo paradigmático. **Fase tercera:** Se caracteriza por la búsqueda de neutralización de la potencia del enemigo mediante la detección de flancos débiles con la finalidad de anular su capacidad operativa, sin necesidad de destruirlo físicamente. La Guerra de Tercera Generación fue desarrollada por el Ejercito Alemán en el conflicto mundial de 1939–1945 y es comúnmente conocida como "guerra relámpago" (Blitzkrieg). No se basa en la potencia de fuego, sino en la velocidad y sorpresa. Se identifica esta etapa con el empleo de la guerra psicológica y tácticas de infiltración en la retaguardia del enemigo durante la Segunda Guerra Mundial.

Demostrada la vulnerabilidad a las asimetrías del ejército de Estados Unidos en los diferentes conflictos bélicos en los que ha participado y como forma de justificar el desarrollo de armamentos más sofisticados de mayor impacto físico y psicológico los estrategas norteamericanos han diseñado el concepto de precisión dimensional completa. En la guerra asimétrica no existe un frente determinado. Todo es frente. Frente de guerra es todo aquel lugar en donde existe enemigo. Especialmente, enemigo débil y aislado. No se adhiere a normas estrictas de organización; la organización se adecua a las posibilidades y a las expectativas.

La "larga Guerra contra el terrorismo", que incluye la guerra irregular contra un enemigo difuso [guerrillas], paradigma de las Guerras Asimétricas. Todo ello se ve traducido en dos importantes cambios: en primer lugar, más dinero para fuerzas especiales (para operaciones especiales localizadas, cuya novedad sería la creación del Marine Corps Special Operations Command), al tiempo que se invierte más en el ejército de tierra (ocupación de Irak no se puede hacer mediante misiles y aviones). Y en segundo lugar, más inversión en Guerra Psicológica.

Se está de acuerdo con Freytas en lo referente a lo que se pudiera llamar las diferencias de la guerra convencional y la guerra psicológica pero ambas persiguen el mismo objetivo la ocupación del país en cuestión lo que cambia son los métodos para realizarlo.

Características de la Guerra No Convencional y Psicológica

- Utiliza el ejército para la conquista de los territorios.
- Conquista los cerebros.
- Intensa preparación, movilización y despliegue de las tropas. Intensa campaña propagandística, de desinformación, a la opinión pública nacional e internacional.
- El objetivo es matar. El objetivo es el control del pensamiento y la conducta de las personas.
- Doblega la voluntad de las personas en los territorios ocupados La voluntad es tomada por fuerzas de ocupación invisibles, sin darse cuenta.
- No hay fuego de fusiles, ni balas que le apunten. El blanco son las vulnerabilidades y contradicciones psicológicas.
- La "guerra inter-potencias" (o inter-países) expresada en la confrontación "Este-Oeste", desaparece con la Unión Soviética A partir del 11-S, la "Guerra Contraterrorista" librada por todas las

potencias y por el Imperio regente (EE.UU.) contra un sólo enemigo: el terrorismo "sin fronteras".

- Desarrollo de armas convencionales y nucleares. El desarrollo tecnológico e informático, la globalización del mensaje y las capacidades para influir en la opinión pública mundial, convertirán a la Guerra Psicológica Mediática en el arma estratégica dominante

- Las operaciones se realizan con unidades militares Grupos operativos descentralizados especialistas en insurgencia y contrainsurgencia, y expertos en comunicación y psicología de masas.

- Se opera en frentes de batalla con elementos materiales La guerra se desarrolla en escenarios combinados, sin orden aparente y sin líneas visibles de combate, los nuevos soldados no usan uniforme y se mimetizan con los civiles

- El objetivo estratégico es el apoderamiento y control de áreas físicas (poblaciones, territorios, etc.) apoderamiento y control de la conducta social masiva

- Intenso bombardeo mediático: los volantes, afiches, las consignas y las imágenes sustituyen a las bombas, misiles y proyectiles del campo militar.

- Una de las doctrinas militares norteamericanas imperantes durante los años de la Guerra Fría fue la de la "guerra de baja intensidad" como medio de frenar la influencia soviética en el mundo, especialmente en África, Asia y Latinoamérica sin llegar a una confrontación militar directa. Esa doctrina implicaba el empleo de grandes recursos de propaganda e infiltración psicológica.

- El uso sistematizado del "terrorismo" realizado por grupos operativos infiltrados en la sociedad civil complementado con Operaciones Psicológicas Mediáticas orientadas al aprovechamiento social, político y militar del hecho "terrorista".

- El terrorismo como el uso premeditado, o amenazador, de la fuerza o violencia como un agente coactivo o punitivo. Más específicamente, el terrorismo representa una guerra psicológica, un combate militar no tradicional. El objetivo explícito del acto terrorista es producir un estado de miedo, incertidumbre, desmoralización e impotencia como una fuerza coactiva y / o punitiva. El terrorismo se usa como herramienta para acabar con la resistencia y apagar el entusiasmo de la población y / o del gobierno.

- El éxito de cualquier actividad terrorista futura se medirá por su impacto en las mentes de las víctimas. En consecuencia, se lucha en el campo de batalla mental y no en los que están acostumbrados la mayoría de los soldados en la guerra convencional.

- El terrorismo se acompaña de acciones o amenazas o las dos para lograr el efecto psicológico que se quiere, como Art Tzu (Clavell, 1983) señaló en su tratado The Art of War (El arte de la guerra): "Pelear y vencer en todas las batallas no constituye la excelencia suprema; la excelencia suprema se logra acabando con la resistencia del enemigo sin pelear".

Desde el punto de vista psicológico se puede hablar de tres mecanismos terroristas de acción:

• El terrorismo se puede usar para provocar un estado de conmoción, bajar las defensas en gran manera y desistir de la idea de resistir.

• Para destruir las defensas lentamente y desistir de la idea de resistir.

• Puede utilizar una combinación de ambas: la estrategia abrumadora ("conmoción y temor reverencial") y la de destrucción gradual (un concepto similar a éste se usó militarmente contra los Estados Unidos en Vietnam). En el caso del terrorismo, la cantidad de "víctimas psicológicas" será mayor que la de las "víctimas corporales".

Las amenazas relacionadas con el terrorismo consisten en:

• La amenaza objetiva de incidentes de destrucción física y muerte.

• La amenaza percibida de lesiones y muerte a individuos, familias, comunidades.

• La amenaza de desorden sociológico.

• La amenaza de la recesión económica que puede traer aparejada la posibilidad de que sectores industriales específicos quiebren. La industria aeronáutica, por ejemplo, informó que desde el atentado terrorista del 11 de septiembre del 2001 (11-S), se cerraron más de 100.000 fuentes de trabajo.

La "Guerra Contraterrorista" (una variante complementaria de la Guerra de Cuarta Generación) borra las fronteras tradicionales entre "frente amigo" y "frente enemigo" y sitúa como eje estratégico de disputa la guerra contra un enemigo universal invisible diseminado por todo el planeta: el terrorismo.

La lógica del "nuevo enemigo" de la humanidad, identificada con el terrorismo tras el 11 de Septiembre 2201 con la caída de las torres gemelas, se articula operativamente a partir de la "Guerra Contraterrorista" que compensa la desaparición del "enemigo estratégico" del capitalismo en el campo internacional de la Guerra Fría: la Unión Soviética.

El estudio de las características socio culturales de los países en los cuales va a operar EE.UU. es estudiado y aprovechado a su favor para crear el pánico y el terror entre los pobladores o guerrilleros así en 1964 se elabora uno de los documentos de estrategia más "extraordinarios" de la historia de la guerra psicológica, encargado por el ejército de los EE.UU., titulado, "Brujería, magia, hechicería y otros fenómenos psicológicos, y sus implicaciones en operaciones militares y paramilitares en el Congo", el informe es un tratado de combate paranormal, en el que se discute tácticas de "contramagia" para luchar contra los rebeldes que se apoyaban en prácticas chamanistas o animistas. En el informe, se lee: "La guerra de contrainsurgencia se desarrolla alrededor de la fidelidad y el apoyo a las poblaciones locales".

El Departamento de Defensa ha reconocido que parte de sus esfuerzos en investigaciones y desarrollos para apoyar operaciones de contrainsurgencia deben orientarse hacia la gente, de los Estados Unidos y en el extranjero, relacionada en este tipo de guerra. Así, han sido llamados por el gobierno, antropólogos, psicólogos, sociólogos, politólogos y economistas cuya orientación profesional hacia el comportamiento humano los habilita para realizar contribuciones útiles en este campo, como por ejemplo, en la explotación militar de las características culturales locales de una comunidad con el fin de amedrentarlos".

La investigación fue dirigida por James R. Price y Paul Jureidini, dos analistas del Special Operations Research Office (SORO) de la American University de Washington, D.C., quienes, también en 1964, diseñaron el Proyecto Camelot, un esfuerzo planificado para medir científicamente los factores sociales que estabilizan o desestabilizan determinados países en vías de desarrollo, entre ellos España. Cuando se filtró esta investigación a la prensa, las condenas internacionales hicieron que el proyecto fuera cancelado.

PARA SIEMPRE RECORDAD

La guerra psicológica es un instrumento de primer orden utilizado por el enemigo para agredir a otros países. Se desarrolla antes y durante el conflicto. Las operaciones psicológicas se diseñan hacia audiencias extranjeras en general.

La guerra no convencional y la guerra psicológica persiguen el mismo objetivo la ocupación del país en cuestión, lo que cambia son los métodos para realizarlo.

Las guerras actuales comienzan a librarse en la esfera de las ideas y los sentimientos, casi simultáneamente en el terreno de la opinión publica nacional de agresor, en la arena internacional y en el país que será objeto de la agresión.

La guerra de cuarta generación tiene como objetivo el control y dominación mental de los integrantes de una sociedad mediante el apoderamiento y control de la conducta social masiva. Se quiere que la sociedad, responda a los intereses del agresor, lo que le da derecho al territorio, a sus recursos naturales y a los consumidores que en ella habitan. La "Guerra Contraterrorista" en la actualidad variante complementaria de la Guerra de Cuarta Generación, borra las fronteras tradicionales entre "frente amigo" y "frente enemigo" y sitúa como eje estratégico de disputa la guerra contra un enemigo universal invisible diseminado por todo el planeta: el terrorismo.

Recuerde: «Ellos le harán odiar fehacientemente a su semejante, le mostrarán en sus medios lo que quieren, invadirán su mente y usted ni lo sospechará» − Sí, ellos son maestros en manipulación.

GUERRA DE V GENERACIÓN: "LA CONQUISTA DE LAS MENTES"

«El propósito de los medios masivos... no es tanto informar y reportar lo que sucede, sino más bien dar forma a la opinión pública de acuerdo a las agendas del poder corporativo» Noam Chomsky

Vivimos en un <u>mundo distópico</u>, en dónde las realidades de los pueblos son cubiertas por un −manto sagrado de la manipulación mediática y psicológica−, en la que miles de millones creen que las guerras en el medio oriente nada tiene que ver con ellos [tales son producto de conflictos religiosos], te hacen imaginar que EE.UU. es la única super potencia, te hacen soñar con ir a Disney World, te hacen venerar la Torre Eiffel y por supuesto hacen que desees consumir los productos transgénicos letales para la salud. − ¿Son poderosos los medios que utilizan para lograr tal fin?

Transitamos en un mundo en el que unas cuantas empresas de alta tecnología, a veces trabajando en estrecha colaboración con los gobiernos, no solo están vigilando nuestras actividades sino también controlando -cada día más- lo que pensamos, sentimos, hacemos y decimos.

Durante el pasado siglo más de un gran escritor expresó su preocupación respecto del futuro de la humanidad. En El talón de hierro (de 1908), el escritor estadounidense Jack London imaginó un mundo en el que un puñado de riquísimos titanes corporativos –los 'oligarcas'– mantenía a raya a las masas mediante una combinación de premios y castigos. La mayor parte de la humanidad vivía en una virtual esclavitud que permitía una vida confortable a cambio de la renuncia de cada uno al control de su vida.

Muy posiblemente, para muchas personas, este concepto de **Guerra de V Generación**, sea un algo de lo que no han oído hablar jamás (estoy convencido que sí).

Primero realizaré una síntesis de la evolución de la doctrina militar y los conceptos diferentes sobre la guerra a lo largo de la historia, quizás simplificada, pero suficiente para adentrarnos en el concepto que quiero plantear: «**Guerra de V Generación**».

Las diferentes generaciones de la guerra

Hay que reseñar que estas clasificaciones tienen que ver con un punto de vista occidental actual , entiéndase OTAN–EE.UU., y por lo tanto debemos tener constantemente en cuenta este enfoque a la hora de entender las tácticas y estrategias empleadas. Entenderíamos así como **Guerras de Primera Generación** aquellas que tenían por objetivo el aseguramiento de soberanía y de territorios, con sus correspondientes recursos, libradas desde la aparición de las armas de fuego hasta el siglo XX, y donde los contendientes solían corresponderse con imperios , naciones o entidades diversas que aspiraban a convertirse en una cosa u otra.

Se caracteriza también por la formación de ejércitos profesionales al servicio de los estados en reemplazo de milicias mercenarias, alcanzando su punto de máxima ebullición durante las Guerras Napoleónicas del siglo XIX.

La Guerra de segunda Generación por excelencia es la Primera Guerra Mundial (1914-1918), donde se confrontan potencias imperiales con fuertes proyecciones colonialistas, en pos de ampliar las posesiones territoriales y el acceso y control de recursos naturales estratégicos por parte de estos imperios, en un mundo industrializado (o al menos las potencias enfrentadas) y cuyas necesidades en materias primas habían evolucionado (carbón, caucho, hierro, petróleo, etc.). Sus características más importantes son la industrialización y la mecanización, y uno de sus elementos fundamentales es la capacidad de movilización de grandes ejércitos y el uso de maquinaria bélica.

La Guerra de Tercera Generación englobaría a la Segunda Guerra Mundial y al periodo posterior, la denominada "Guerra Fría", donde lo que se disputaba principalmente era la supremacía político-ideológica, enfrentándose entre si bloques o alianzas ideológicas antagónicas ; fascismo frente a democracia-capitalismo y comunismo durante la Segunda Guerra

Mundial y que, posteriormente, tras la derrota del III Reich, se torno en un enfrentamiento democracia-capitalismo frente a comunismo, que, sin llegar a enfrentar nunca directamente a las dos superpotencias (EE.UU. y la URSS) , se disputaron las esferas de influencia de la geopolítica mundial y el avance de sus respectivos bloques o alianzas.

Se basa en la velocidad y sorpresa de un ataque (concepto de Blitzkrieg o Guerra Relámpago), sobre la base de una superioridad tecnológica sobre el enemigo, impidiendo cualquier ejecución de defensa coordinada del atacado, haciendo intenso uso de la concentración de fuerzas aéreas y terrestres coordinadas, de la interrupción de comunicaciones del enemigo y del aislamiento logístico de sus defensas, causando un intencional impacto psicológico aterrador; en esta etapa se ataca, además de a la propia capacidad industrial del enemigo, se ataca masivamente a los civiles para impedir que estos sostengan la industria bélica que necesita el enemigo para continuar la guerra.

En 1991, Martín Levi Van Creveld, historiador militar israelí y, entre otras cosas, instructor de la Escuela de Guerra Naval de EE.UU., publicó "The Transformation of War", obra que le daría cuerpo intelectual a la Guerra de 4ª Generación. Básicamente resumiría que la primera generación se basa en movilizar la mano de obra, la segunda en el poder de fuego y la tercera en la libertad de maniobra.

Sin embargo los paradigmas cambian sustancialmente en lo que se puede llamar **la Guerra de Cuarta Generación** o también definible como "Guerra asimétrica", donde tanto los recursos empleados como los objetivos e intereses a alcanzar engloban tanto al interés publico (estatal) como privado (intereses de corporaciones, multinacionales, etc.).

El estadounidense William Lind, experto en asuntos militares y ex-director del Centro de Conservadurismo Cultural de la Free Congress Foundation, autor de "Changing Face of War: Into de Fourth Generation"(1989), cuyos conceptos se derivan de la idea principal de que el Estado ha perdido su monopolio de la guerra, y por tanto este tipo de guerra tiene por objeto hacer frente a los nuevos retos que plantea esta situación.

– ¿Porque es también llamada "guerra asimétrica"?

Debido a que es una teoría a nivel táctico que oscila desde el aspecto armamentista al psicológico, abarcando cualquier aspecto político, económico, social y cultural de una nación con el objetivo de alcanzar el sistema mental y organizativo del adversario; esencialmente esto la convierte en totalmente asimétrica.

Sus conceptos tácticos se fundamentan en que, dada la enorme superioridad tecnológica alcanzada durante la etapa anterior (la Guerra de Tercera Generación), frente a esta asimetría de fuerzas entre contendientes, solo es concebible el uso de fuerzas irregulares ocultas que ataquen sorpresivamente al enemigo, tratando de provocar su derrota al desestabilizar a su rival, es decir, con el uso de tácticas no convencionales de combate.

Por esta razón es también por lo que se denominan guerras asimétricas y por lo que conflictos como la Guerra de Vietnam, la Guerra de Afganistán (1979-1992) o el largo conflicto colombiano, entre otros, cabrían dentro de esta categoría.

LA GUERRA DE V GENERACIÓN

La guerra de quinta generación es una denominación dentro de la doctrina militar estadounidense que hace uso de medios electrónicos y de comunicación de masas para generar desestabilización en la población a través de operaciones de carácter psicológico prolongado; se busca afectar la psiquis colectiva, afectar la racionalidad y la emocionalidad, además de contribuir al desgaste político y a la capacidad de resistencia.

La Guerra de Quinta Generación también denominada por algunos como **"Guerra sin Límites"** y donde no interesa ganar o perder, sino demoler la fuerza intelectual, obligando al oponente a buscar un compromiso , para lo cual se valdrá de cualquier medio y que supone incluso que no sea estrictamente necesario el uso de armamento.

Realmente se puede considerar solo un complemento de la Guerra de Cuarta Generación, y ha sido introducida desde los años 2009 y 2010 como concepto estratégico operacional en las intervenciones EE.UU.–OTAN, es decir; tiene una implantación relativamente reciente.

Sin embargo, hay una diferencia significativa respecto a las Guerras de Cuarta y Quinta Generación; en las Guerras de Quinta Generación, no hay un condicionamiento tal y como ocurre en las Guerras de Cuarta Generación, sino una manipulación directa del ser humano a través de su parte neurológica. Es evidente que esto se escapa a nuestro ámbito de comprensión, pero las investigaciones respecto a lo que son **las Ondas Binaurales y Los Componentes de Cristales de Magnetita**. Son métodos neurológicos empleados en el ámbito militar, tanto o más que el desarrollo de otros proyectos de investigación militar avanzada.

En cuanto a las ondas binaurales, son muy utilizadas para la relajación o la concentración, esto está comprobado científicamente. Incluso, algunas de estas ondas han sido utilizadas para fomentar el crecimiento de seres humanos, en virtud de que estas ondas actuarían sobre la hipófisis cerebral, haciendo que éstas liberen hormonas de crecimiento, se dice, de acuerdo a estas investigaciones, que una persona en un año podría crecer hasta 17 centímetros.

Es importante tener en cuenta que las ondas binaurales se dividen en alfa, beta y gamma, y esto significa que el cerebro cuando escucha ciertas melodías puede captar este tipo de ondas, que favorecen la relajación, la meditación y la concentración, según sea el caso. Estas ondas transitan por el subconsciente y las señales receptoras hacen que ciertas zonas del cerebro se profundicen y reaccionen.

Las ondas beta tienen una frecuencia de 10 y 40 Hz, es decir, oscilan entre 10 y 40 veces por segundo. Si esta oscilación se incrementa, se asocian al incremento y al manejo de las emociones (miedo, al estrés y a la angustia). Ondas betas normales evidencian un estado de gran lucidez.

Por eso mediante el estímulo de las ondas beta la beta, se puede mejorar la concentración y la respuesta en situaciones que requieren atención, o activar emociones. Por ejemplo, cuando vamos a una entrevista de trabajo, un examen, resolver problemas de lógica o manejar cualquier situación que precise un estado de alerta.

En cuanto a los componentes de cristales de magnetita en el cerebro, el hallazgo de dichos cristales ha sido uno de los descubrimientos mineralogenéticos más importantes de la última década. J. L. Kirschvink hizo pública en 1992 –mediante su ya trabajo clásico *Magnetite biomineralization in the human brain*– la presencia en el cerebro humano de minerales de la familia de la magnetita-maghemita, cuyas morfologías y estructuras se asemejan a los precipitados por bacterias magneto tácticas.

En algunos trabajos de biofísica realizados en otros países, esto se ha hallado en nuestro cerebro, lo cual hace concluir que el cerebro humano posee unas determinadas propiedades magnéticas.

Previamente al hallazgo de Kirschvink, varios artículos proponían que la radiación puede producir variaciones de concentración de determinadas sustancias en el organismo, como la *melatonina* (afectar el sistema inmunológico, cambios de ritmo asociados al "jet lag" por ejemplo, potenciación de la memoria a largo plazo, etc.), *serotonina* (neurotransmisor referido al manejo del humor, el estado mental de los seres humanos, además de tener un papel preponderante en la conciencia).

Algunos investigadores, como R.M. Macklis, plantean que la existencia de cristales de magnetita en el cerebro humano debería ser tenida en cuenta para establecer si la radiación electromagnética asociada con determinadas líneas eléctricas podría dar lugar a efectos fisiológicos con resultados potencialmente peligrosos para la salud. Esto ha llevado, entre otras razones, a que en la División de Ciencias Aplicadas de Cambridge se diseñara un radioteléfono celular *de manos libres* cuyo equipamiento tecnológico reduce la pauta de absorción específica de energía electromagnética por el cerebro.

Desde otra perspectiva de investigación, se sabe, por ejemplo, que existe un *sentido magnético* en varias especies y que la base de este *sentido, y su* papel determinante en los desplazamientos migratorios, se basa en la existencia de materiales ferri y ferro magnéticos en el cerebro. Es evidente que las rutas de muchas aves migratorias no se aprenden de los padres, puesto que a menudo las crías parten primero. Para explicar un sentido de la dirección hereditario, se ha sugerido, entre otras hipótesis, una orientación según el campo magnético terrestre. Siguiendo una argumentación similar, se ha demostrado en ratones que su *sentido magnético y su* capacidad general de aprendizaje disminuyen cuando se les somete a potentes (e incluso sólo débiles) campos magnéticos. Dichas pérdidas se han explicado por la interacción del campo magnético externo con la magnetita de sus cerebros.

Es decir, se admite como un hecho probado, que un campo electromagnético externo interacciona de alguna manera que aún no es bien conocida, con el

201

patrón electromagnético de nuestros cerebros. Pero quedará para la controversia y el debate sobre los posibles efectos y aplicaciones de esa interacción. Es por eso que el descubrimiento de estos componentes en nuestros cerebros no solo ha supuesto un marco común de la investigación de varias ramas científicas (Medicina, Mineralogía Física, etc.), sino que ha abierto nuevas líneas para el estudio de los procesos de biomineralización para poder comprender mejor ciertos y determinados tipos de interacciones entre el cerebro humano y el medio que nos rodea.

Volviendo a los conceptos de **"Condicionamiento"** y **"Manipulación"**, la Guerra de Quinta Generación, hace uso de medios electrónicos y de comunicación de masas para generar desestabilización en la población a través de operaciones de carácter psicológico prolongado; se busca afectar la psiquis colectiva, afectar la racionalidad y la emocionalidad, además de contribuir al desgaste político y a la capacidad de resistencia.

- Despliegue de la guerra: <u>**"El Condicionamiento"**</u>. Zbigniew Brzezinski, se permitía afirmar abiertamente que la clave estaba en el ataque al recurso emocional de un país por medio de la revolución tecnológica; La táctica a seguir para mantener la desintegración política en la sociedad consiste en crear complejos de inferioridad y en convertirse en referencia externa en todos los ámbitos, evitando que los proyectos y modelos colectivos o alternativos se consoliden en su

202

identidad, pues la referencia será algo distinto a sí mismos; la referencia será el mundo desarrollado y su modelo prevaleciente.

Los medios de difusión masiva se han encargado de condicionar las mentes en las naciones subdesarrolladas.

En esta misma línea, el General Tommy Franks, durante la invasión de Irak , definió la prensa no como cuarto poder, sino como cuarto frente y fue entonces cuando se puso en marcha lo de empotrar reporteros, que significa adoptar en buena medida la mirada de los soldados de un bando y proporcionarles desde los altos mandos los planes a los medios más allegados para que lo difundan, un trabajo bien coordinado por Victoria Clarke, asesora de comunicación y subsecretaria de Defensa para Asuntos Públicos bajo Donald Rumsfeld .

- Preparación psicológica: <u>**"La Manipulación"**</u>. El principio de toda propaganda es recurrir a las emociones más que a la razón.

Por eso, al sumergir a la audiencia o a los lectores en un mar de emociones se diluye y se distorsiona su capacidad para reflexionar; pero si además agregamos a la emoción el segundo principio básico de la propaganda, como es la simple repetición, se obtiene un poderoso efecto sobre las personas que no están al tanto del modo de funcionamiento de ese mecanismo, y que ni tan siquiera son conscientes de la manipulación a la que están siendo sometidos.

Decía Joseph Goebbels que podía convertir un circulo en un cuadrado si lo repetía las suficientes veces. La propaganda funciona con fórmulas simples y tremebundas. Es por ello que se recurre sistemáticamente a ellas ya que resultan muy eficaces .Es un método clásico que siempre ha funcionado bien cuando se trata de acondicionar la opinión pública para que acepte que la guerra es necesaria. ¿Ejemplos? La gastada pero muy eficaz fórmula del «horrible dictador que está masacrando a su propio-pueblo»; exactamente el mismo método ya utilizado por los grandes medios de prensa comerciales para acondicionar a la opinión pública para el derrocamiento de Gadafi y de Saddam Hussein, entre otros.

Realmente la propaganda funciona mediante la repetición de las mismas fórmulas. Dada la extrema similitud entre la mayoría de las informaciones que recibimos sobre tal o cual conflicto, simplemente se recurre a la misma retórica simplista, repleta de clichés emotivos y eslóganes simplistas...y funciona.

La otra vertiente de la manipulación es el silencio, que adquiere su mayor valor cuando se utiliza como instrumento de manipulación de la opinión pública. O sea, si los periódicos, los noticieros de televisión y programas de debate u opinión no hablan de un acto de guerra, este simplemente no existe en las mentes de la gente que cree que sólo existe aquello que se menciona en los medios de difusión.

Y la vertiente contraria al silencio es directamente la "fabricación" de noticias. El objetivo a alcanzar, y por desgracia frecuentemente con éxito, es desviar la atención a aspectos secundarios, magnificándolos para que nadie se plantee el tema central, dándolo por obvio y por absolutamente verídico.

- Fase final: "**La Conquista**". El objetivo final, la conquista y dominación de un territorio o nación, según la socióloga Ángeles Díez (4), pasa por cuatro fases: Aislar, demonizar, conquistar y aislar nuevamente, siendo eje fundamental los medios de comunicación, en cada una de ellas.

Cuando se asienta en los subconscientes de la gente la idea de aislamiento, la primera fase queda completa (Aislar). En una segunda fase el esfuerzo va dirigido a que todas las noticias que aparecen en los medios de comunicación sobre el enemigo tendrán connotaciones negativas. En cualquier noticia sobre el objetivo seleccionado, aparecerá en el titular el nombre del país o la facción enemiga o de sus líderes (demonizar). Para el comunicólogo Vicente Romano, una de las técnicas de manipulación más efectiva para esta "conquista de la mente", es la personificación de la política, ya que mediante esta personificación se distrae la atención de las masas respecto de los problemas sociales que les afectan. Podríamos añadir que proporcionan un icono sobre el que proyectar e identificar todos los valores negativos o contrarios a la visión del agresor.

¿Resultados? Binomios asociados en nuestra mente identificados de manera automática del tipo Irak-Saddam Hussein, Afganistán-Al Qaeda, Libia-Gadafi o Siria-Al Assad, bomba atómica-Irán, Putin-agresión.

El campo de batalla, en este caso nuestras mentes, ya ha sido conquistado (Conquistar) y las mentes ya están preparadas para pasar a la definitiva fase; la conquista y dominación.

Las Guerras de Cuarta y Quinta Generación, se gestan en unos laboratorios conformados por equipos interdisciplinarios, provenientes de diferentes áreas del conocimiento entre las que se encuentran: psicólogos de la conducta, psicoanalistas, publicistas, encuestadores, sociólogos sociales, lingüistas, semiólogos, políticos, espías, antropólogos, periodistas tarifados, expertos en informática, hackers, economistas, etc.

En la guerra Psicológica, Los psicólogos Olivia Suárez y Fernando Giuliani advierten que se quiere sembrar incertidumbre, angustia y dibujar un país que supuestamente se cae a pedazos, a fin de que la gente esté dispuesta a lo que sea con tal de recuperar "el orden".

La guerra de Cuarta Generación, según Pedro Rivas indica que tiene a nuestro país en el escenario de sus objetivos políticos y ataques económicos. La misma está sostenida en la teoría del rumor y la rápida difusión y diseminación de sus mensajes. Es una permanente batalla que se produce a través de una constelación mediática comunicacional que está al servicio de los intereses económicos nacionales y transnacionales que dominan el mundo".

Es importante resaltar que Estados Unidos creadores de estas doctrinas de guerra se blindaron. El Pentágono reconoce por primera vez un plan para destruir los sitios de internet que le molesten. El Departamento de Defensa anuncia su estrategia "Alfombras de bombas para el ciberespacio" El Pentágono ha decidido dotarse de una unidad especializada capaz de destruir sin previo aviso los sitios de Internet de sus adversarios, de acuerdo con el número de mayo de 2008, de la revista especializada Armed Forces Journal, del Ejército de los Estados Unidos.

"Alfombras de bombas para el ciberespacio, la estrategia que acaba de anunciar el Departamento de Defensa norteamericano, significa destruir deliberadamente los sitios en la Internet que al gobierno norteamericano le molestan, en caso de conflicto real o posible, lo que hace blanco de una agresión cibernética a cualquier punto de la red".

NUEVO ORDEN MUNDIAL, HAARP, EXPERIMENTOS Y CONTROL MENTAL: MÁS DE GUERRA DE V GENERACIÓN

El presidente Ronald Reagan, implementó un programa de investigación y desarrollo para la defensa de misiles nucleares atacantes a ese país. Con la firma de una directiva de seguridad nacional, el mandatario estadounidense confirmó investigaciones de largo alcance. La intención de estas investigaciones era la mejora de los sistemas de comunicación y de control que son vitales para el proceso estratégico de los Estados Unidos.

Las aplicaciones discutidas estaban fundamentadas en patentes, misiles, controles de comunicaciones y de como afectar todo ese sistema. Además de que habían ideas para la modificación del clima y finalmente el de levantar una porción de la atmósfera hacia el espacio exterior, en donde se esperaba desde ahí desviar la entrada de los misiles. En resumen, se buscaba intervenir misiles enemigos que pudieran entrar en los Estados Unidos en caso de un ataque nuclear, trastornar las comunicaciones enemigas y manipular el clima.

De allí surge la controversial tecnología: **High Frequency Advanced Auroran Research Project** (HAARP), que traducido al español sería: **Programa de**

Investigación de la Aurora Activa de Alta Frecuencia. Ésta sería una "enorme antena" que irradia radiofrecuencias y energía hacia la atmósfera superior, creando a escala menor las funciones del sol. HAARP utiliza un billón de vatios, irradiados directamente hacia la ionosfera, para experimentos de cualquier tipo: pueden lograr la manipulación del clima, sabotaje de comunicaciones enemigas y detección de bunkers subterráneos. - Tecnología calificada por muchos como parte de la implantación de un 'Nuevo Orden Mundial'.

El ex presidente Bill Clinton, usó en alguna oportunidad, una frase que fue muy utilizada por el Presidente George Bush padre: "Necesitamos un Nuevo Orden Mundial".

Hoy en día, y aunque parezca cuentos de ciencia ficción, estos métodos podrían ser usadas para proyectos siniestros involucrando a los seres humanos a través de ondas de radio que alteren las ondas cerebrales.

El Dr. Persinger, ha sugerido que las frecuencias electromagnéticas cuidadosamente programadas (con bajas frecuencias) pueden intervenir en el cerebro de los seres humanos e influir sobre sus emociones.

El cerebro humano opera en frecuencias muy bajas, por ejemplo, cuando estamos pensando se generan cerca de 13 a 14 ciclos por segundo, cuando meditamos 8 ciclos por segundo y al estar dormidos las ondas cerebrales están a 4 ciclos por segundo y **HAARP** está capacitada para generar todo tipo de frecuencias que pudieran favorecer el control en las emociones humanas. Esta información está contenida en documentos de la Fuerza Aérea de los Estados Unidos, quienes tienen innumerables documentos donde se demuestra el uso de armas electromagnéticas para manipulación mental. ¿Increíble no?

"CRISIS HUMANITARIA": UN CONCEPTO DE LA GUERRA DE V GENERACIÓN

El concepto "crisis humanitaria", según la Organización de Naciones Unidas, está relacionado a situaciones de emergencia producto de desastres por eventos naturales (terremotos, inundaciones y tormentas) y a conflictos armados de alta intensidad que ponen en peligro la vida de millones de personas. No es un término ingenuo o desprovisto de fines políticos, ya que los aparatos militares de los países centrales (la OTAN y el Pentágono) aprovechan los desastres naturales o situaciones de conflicto interno como una autopista para la intervención a países soberanos, utilizando a la ONU como soporte legal y a las ONG's como propagandistas. Los de Haití (2010) y Somalia (1993) son algunos de los casos más estremecedores de cómo una situación de dificultad específica deriva en violaciones a la soberanía por parte de fuerzas políticas y militares extranjeras.

En el manual TC 18-01 de las Fuerzas Especiales del Pentágono sobre la Guerra No Convencional, la "asistencia humanitaria" (sea ésta un canal o puente) aparece como la fase donde debe "desembocar" el conjunto de operaciones de sabotaje económico y político a la vida de la población. En ese marco operacional, el general John Kelly, exjefe del Comando Sur, expresaba en CNN: "Lo que me mantiene despierto en la noche con respecto a Venezuela es que si hay alguna crisis humanitaria importante, es decir, un colapso de la economía al punto de que necesiten desesperadamente alimentos y medicamentos, entonces podríamos reaccionar a eso. Y lo haríamos".

En tal sentido, **la guerra económica, el sabotaje a los servicios públicos y el financiamiento de acciones violentas** (saqueos o disturbios) posteriormente cartelizadas a escala planetaria bajo la matriz del "hambre" y del "Estado fallido", diseñan el escenario (mediatizado) y fabrican la "necesidad" para que los actores políticos de la derecha venezolana coordinen, negocien y planifiquen una **intervención dosificada por** "**razones humanitarias**" a discreción de los centros de poder global: Estados Unidos y Europa. Se hace necesario reafirmar que los actores que más hablan sobre "crisis humanitaria" son los mismos que financian saqueos y protestas violentas. Las asociaciones civiles y fundaciones financiadas por EE.UU. hacen una campaña excepcional para promover por el mundo la "crisis humanitaria".

El manual en cuestión refiere que **las crisis humanitarias** o las condiciones que se presentan durante el curso de las operaciones de Guerra No Convencional **deben desembocar en asistencia humanitaria.** Dichas operaciones involucran estas asistencias para beneficiar a las poblaciones que sienten simpatía o potencial simpatía por algún esfuerzo particular de la Guerra No Convencional.

La "empatía" de la que habla el manual del Pentágono sobre la Guerra No Convencional radica en que **la "ayuda humanitaria" foránea y engañosa de algunos países,** tienen como objetivo cristalizar su papel como "salvador del mundo" ante la opinión pública nacional y global, suplantando las facultades de las autoridades legítimas del país para resolver los problemas internos.

– ¿Cómo fue la "ayuda humanitaria" enviada a Libia en el 2011 con consentimiento de la ONU?

¿CÓMO COMBATIR LA GUERRA DE V GENERACIÓN?

En primera instancia es justo y necesario conocer a fondo los conceptos de neurociencia y la manipulación mental, veamos:

Todos nos hemos sorprendido con alguna ilusión óptica. ¿Ha pensado que, aun sabiendo que se trata de un error de percepción, no podemos sustraernos a su efecto? La ilusión persiste por encima de la consciencia porque nuestra maquinaria perceptiva es automática. Cuando mantenemos una conversación no nos preocupamos, ni somos conscientes, de las reglas sintácticas o la fonética. No pensamos en la mecánica cuando conducimos un coche o subimos una escalera. Son procesos automáticos conducidos por nuestro "inconsciente cognitivo", como le gusta decir al psicólogo Daniel Kahneman. Pero el problema de un automatismo es justamente su virtud: que es automático y por tanto fuera de control. Como resultado de la historia evolutiva de nuestra especie, nacemos equipados con un montón de redes neuronales especializadas. Por ejemplo: la evolución nos ha hecho especialmente buenos discriminando rostros porque somos animales gregarios. Nuestro cerebro dispone de redes especializadas exclusivamente en reconocer y extraer gran cantidad de información de la cara de nuestros congéneres. Pero como es un mecanismo racional inconsciente, no podemos evitar ver rostros en las imágenes que acompañan este texto.

En principio, esto no tendría que ser un problema, sino más bien un simpático efecto colateral. Pero si lo combinamos con prejuicios religiosos podemos acabar en las caras de Bélmez (o cómo sacar rendimiento económico a las humedades de tu casa). O al mezclarlo con la creencia en extraterrestres, acabar viendo una gigantesca cara esculpida sobre la superficie de Marte. En realidad, siempre es así, porque no podemos mirar sin expectativas, ni sustraernos de nuestra experiencia y conocimiento. Nuestra mirada nunca es inocente. Como decía el psicólogo Jean Piaget: "Uno no sabe lo que ve, ve lo que sabe". El acto perceptivo es automático, pero no ingenuo.

Quizás pensemos que, si realmente nos esforzamos y focalizamos toda nuestra atención, podamos sustraernos de estos efectos. Pero gracias a muchos resultados experimentales, como el popular "Gorila invisible" de los psicólogos Daniel Simons y Christopher Chabris, hoy sabemos que las personas, cuando dedican su atención a un área o aspecto particular, tienden a no advertir objetos no esperados, aun cuando éstos sean prominentes y aparezcan delante de nuestras narices. Ya saben: El ciclista apareció de repente y no pude hacer nada...Esta ceguera de atención, esta idea de que podemos mirar y no ver, es totalmente incompatible con cómo concebimos nuestra propia mente. Pero nuestras expectativas se basan en nuestras experiencias previas y la percepción se construye sobre ellas. En palabras de la neurocientífica Susana Martínez-Conde: "Nuestro cerebro tiene unos recursos limitados. No puede procesar toda la información que le llega, y por tanto debe enfocar la atención en determinados lugares, borrando el resto. Organiza la realidad con los recursos con los que cuenta, y así, cuando nos concentramos en algo, necesariamente dejamos fuera otros elementos. Es lo que llamamos ceguera por atención". Este es el verdadero truco de los magos:

conducir nuestra limitada atención hacia donde les interesa, controlar nuestro foco de atención para engañarnos con total impunidad. De los magos y de todos aquellos que quieran manipularnos.

La mayoría de la gente piensa que nuestro cerebro reconstruye la realidad a partir de la información visual recopilada como si de un puzle se tratara. Pero en realidad el cerebro tiene recursos limitados y tira por la calle del medio inventándose trozos de realidad sin que seamos conscientes de ello. Por ejemplo, pensamos que nuestra memoria es como una grabación almacenada a la que accedemos a voluntad. Pero los psicólogos han demostrado que la memoria se "reconstruye" tanto, cuando es almacenada por primera vez, como cada vez que accedemos a ella. Cuando pretendemos recordar, rellenamos huecos de información por inferencia inconsciente. Lo que llamamos memoria es una historia manipulada por nuestro cerebro. Muchos experimentos demuestran que incluso recordamos hechos que nunca sucedieron. La distorsión de la memoria es un mecanismo que nuestro ego, que soporta mal la autocrítica y el fracaso, emplea para conseguir auto-indulgencia. Este auto-engaño nos proporciona una imagen satisfactoria de nosotros mismos, pero desastrosamente mal calibrada. Nos cuesta aprender de nuestros errores si nuestra mente hace todo lo posible por taparlos. Somos propensos a la autocomplacencia hasta el extremo de que nuestros éxitos son nuestros y nuestros fracasos son culpa de los demás y las circunstancias. Los manipuladores saben que los recuerdos acompañados de emociones fuertes, donde intervienen especialmente el hipocampo y la amígdala, se graban mejor que los banales.

Los medios apelan a nuestras emociones porque así evitan la posibilidad de reflexión racional. Las respuestas emocionales se producen sin la participación de procesos cerebrales superiores claves para el razonamiento. Los manipuladores conocen perfectamente estas debilidades de la memoria y de nuestro ego y las explotan exitosamente.

Imaginen que van caminando por el desierto y se topan con una serpiente de cascabel. Las señales sensoriales del sistema visual y auditivo llegan a su tálamo. De ahí los impulsos se envían a las áreas de procesamiento del córtex y se transmiten al córtex frontal. Allí se integran otros procesos mentales superiores y la información accede al flujo de consciencia: "¡Una serpiente de cascabel!" La consciencia pide acceso a la memoria: "Las serpientes de cascabel son venenosas". Decidimos evitar el peligro. Calculamos a qué distancia estamos de la serpiente y cómo cambiar nuestra dirección y velocidad de movimiento. Enviamos la orden a los músculos y llevamos a cabo la acción. ¿Cuál es el resultado? Morimos por la picadura de la serpiente, porque todo este proceso requiere entre uno y dos segundos. Pero las cosas no suceden así. El cerebro toma un atajo inconsciente a través de la amígdala, situada debajo del tálamo. Si la amígdala reconoce el patrón asociado con el peligro en el pasado, envía un impulso mediante una conexión directa con el tronco encefálico, que activa la respuesta de huida o lucha y da la señal de alarma: damos un salto hacia atrás automáticamente. No tomamos una decisión consciente para saltar, todo sucede sin nuestro consentimiento. Si nos preguntan por qué hemos saltado, nuestra respuesta será porque hemos visto una serpiente venenosa. Nuestro cerebro elabora un relato *post hoc* para generar la ficción de que ha sido una acción tomada de manera consciente.

Esta recreación de la serpiente y el salto, prestada del psicólogo Michael Gazzaniga, no es una metáfora. En la última década una ingente cantidad de experimentos corroboran sin duda lo que acabamos de describir: las acciones ya se han acabado antes de que el cerebro sea consciente de ellas. De hecho, a partir de la observación de la actividad cerebral por escáner, se puede predecir lo que va a hacer una persona. Otro diamante en bruto para los manipuladores. ¿Por qué funcionamos así? La consciencia requiere tiempo y llega cuando el trabajo ya está hecho. La selección natural favorece los procesos no conscientes, lo rápido y lo automático porque son el secreto del éxito. El procesamiento consciente es lento y requiere mucha memoria. Por eso muchos de nuestros comportamientos están genéticamente determinados, son innatos. Pero ya no vivimos en la sabana y los vendedores de humo se aprovechan de que somos monos desubicados.

El cerebro es una red de redes hiper-especializadas, sin una jerarquía que culmine en un "jefe" que haga de yo. En palabras de Michael Gazzaniga: "Nos cuesta renunciar a la convicción de que los seres humanos tenemos un "yo" que decide todas nuestras acciones. Se trata de una ilusión tan poderosa y abrumadora que resulta casi imposible de erradicar. [...] No hay ningún espíritu en la máquina, ninguna sustancia secreta que sea usted. Ese usted del que usted está tan orgulloso es un relato urdido por su módulo intérprete para explicar todos los aspectos de su conducta que es capaz de abarcar y niega o racionaliza el resto". Nuestro cerebro crea la ilusión del yo y con ella el sentido de que los seres humanos tenemos "agentividad" y tomamos libremente las decisiones que determinan nuestras acciones, pero en realidad el cerebro actúa antes de que la persona sea consciente de ello. ¿Significa esto que la orden consciente es una ilusión? ¿Significa que no existe el libre albedrío? Muchos neurocientíficos opinan que estamos enfocando mal el problema al intentar comprender el libre albedrío desde el cerebro; o mejor dicho: desde un único cerebro. Necesitamos contar con las interacciones colectivas de múltiples cerebros. La responsabilidad y el sentido de la libertad son fenómenos sociales emergentes que surgen del intercambio entre cerebros, de la interacción entre individuos.

Los psicólogos sociales saben desde hace mucho tiempo que el grupo es más que la suma de individuos, que genera su propia dinámica, distinta a la del individuo aislado. En el grupo el individuo imita y se disuelve, se siente invencible e impune. En la masa el individuo deja de serlo y se hace más fácilmente manipulable. El miedo y el placer son nuestros motores emocionales básicos y en la masa pueden aparecer en forma de desaprobación social u horror a la soledad. El miedo a la muerte y la culpabilidad, por ejemplo, son elementos fundamentales en la manipulación religiosa. Movilizando la emoción del odio y el miedo al otro, los regímenes autoritarios y las religiones organizadas han conseguido que seamos el único organismo de la biosfera que se ha dotado de la capacidad de destruir la biosfera misma.

¿Con semejantes hándicaps de serie, cómo podemos enfrentarnos a la manipulación? Pues con la joya de la corona, nuestra inteligencia. Deberíamos utilizar nuestra fabulosa capacidad de razonamiento para alcanzar conclusiones fiables o sostener verdades. Pero la triste realidad es que la mayor parte de la gente no sabe razonar ni argumentar o, peor aún, ni siquiera es consciente de su indigencia lógica. Cuando le pides a los estudiantes que escriban un ensayo argumentando la afirmación de alguna idea, sencillamente se limitan a elaborar o extender más esa idea, pero sin argumentación crítica alguna. Nuestro sistema educativo y social prima la información y relega el espíritu crítico al trastero. Los manipuladores saben que el nivel de la propaganda debe estar a la altura del menos inteligente de los individuos, que cuanto más grande sea la masa más pequeño debe ser el esfuerzo mental. Como apuntan Juan Vicente García y Juan García, psiquiatra y psicólogo respectivamente: "La capacidad receptiva de las masas es limitada y su comprensión escasa, además, tienen gran facilidad para olvida". Es por ello que es conveniente, para manipular, usar "un lenguaje que entendería un niño de ocho o nueve años que no sea muy despierto, ya que lo habitual es que el nivel intelectual de la gente no sea mucho más elevado".

Visto lo visto, no es de extrañar que en política lo frecuente sea entonces escuchar falacias, insultos a la inteligencia o pseudo-argumentos no solamente torpes, sino cuya finalidad es el engaño más burdo. La política española es un erial argumentativo, basada casi en exclusividad en el ataque *Ad hominem*. No se discuten ideas o soluciones, basta con difamar y demonizar al adversario. Como la masa tiene alma de portera, basta con airear las miserias del oponente para alcanzar la victoria electoral. Las campañas políticas están dirigidas por publicistas que venden a un candidato como si fuera un producto más y los *media* suministran a la gente argumentos simples para defender su supuesto punto de vista. Todo apoyado en principios elementales de la manipulación como son crear un único enemigo, achacar los propios errores a ese adversario, manejar un número pequeño de ideas repetidas una y otra vez, convencer a la gente de que piensa como todo el mundo o fomentar la resignación.

¿Qué podemos hacer? La gente que tiene fuertes convicciones, como los creyentes en los espíritus o los marcianos, o los que creen que este gobierno o el anterior son la mejor solución a la crisis, es poco probable que cambie de opinión, por no decir imposible. Si les intentamos argumentar lógicamente por qué no estamos de acuerdo con sus convicciones, no entienden y se alejan (o nos parten la cara). Si le mostramos hechos y cifras, dudan de las fuentes generadoras de esa información (o nos parten la cara). Es difícil ver de un modo distinto al que vemos y es igualmente difícil pensar de un modo distinto al que pensamos. La neurociencia no será la solución, más bien acentuará la situación, porque a lo largo del siglo XXI seguirá ahondando en nuestra naturaleza mental y dotando de nuevas herramientas a los manipuladores. Piensen qué hubiera conseguido Goebbels, si además de su famoso hocico, hubiera dispuesto de tomografía por emisión de positrones.

Lean bien:

«Formar pensamiento crítico es clave para enfrentar Guerra de Quinta Generación»

De acuerdo a mi experiencia en las escuelas de pensamientos estratégicos para la integración de la izquierda en Latinoamérica y en algunos estudios de planificación y táctica, puedo estar convencido que la manera más eficiente y casi única para enfrentar una guerra de quinta generación es **el pensamiento crítico**.

La Guerra de Quinta Generación es la guerra total en la que se mueven cuatro esferas principales: la económica, la diplomática bélica, la psicológica y la comunicacional. "Cuando confluyen estas cuatro esferas se da un espacio en el cual se afecta la vida completa de los individuos que son foco o blanco de dicha guerra".

Por ejemplo, en Venezuela la Guerra de Quinta Generación está presente en cualquier fila en las afueras de un supermercado. "Mientras estamos haciendo la cola, escuchamos los comentarios de otras personas, los cuales afectan nuestra psique, nos influencian, vemos el resultado de un desfase dentro del área económica". - Incluso ha llego el momento disfuncional en donde cualquier evento cotidiano no grato en la vida de algún venezolano, hace que éste exprese: – ¡Esto es por culpa de Nicolás Maduro! [Presidente].

A su vez, la impresión que puede dar en el extranjero, de que hay gente haciendo cola y la interpretación mal hecha de una crisis humanitaria, conlleva a otras fuerzas extranjeras a catalogar la situación como una crisis humanitaria. Observamos cómo simplemente en el transcurso de una hora haciendo una cola en las afueras de un supermercado, confluyen las cuatro esferas.

La ponente que detrás de la Guerra de Quinta Generación están "intereses económicos transnacionales, estamos hablando de megacorporaciones y de gente que trabaja para las mismas, que en estos momentos ocupa cargos públicos en otros países".

Recomiendo que para no ser un blanco fácil: "primero y por sobre todo, hay que tener una mentalidad crítica, la cual nace de la investigación, la lectura y de la observación analítica de todo lo que nos está sucediendo, de conectar los puntos uno a uno, de dibujar el mapa no sólo el restringido de nuestra comunidad, sino el mapa regional e internacional". - Puedo asegurar que al estar informado de lo que acontece en el mundo, de cómo los grandes tanques de pensamientos planifican las próximas acciones de los centros de poder, será muy difícil de envolverlo en su juego macabro.

Con la Guerra de Quinta Generación nos van llevando sin oponernos, ya no con armas, sino a través de los medios, te incitan a que tú hagas las cosas, de allí el hostigamiento mundial con los medios de comunicación de masas, porque tratan de crearnos patrones de conducta o de reacción que les permitan a ellos actuar al momento que lo crean necesario, es decir, te crean una matriz de opinión y en base a esta actúan, te quitan la comida y actúan.

223

Considero que, este tipo de libros deben ser distribuidos a los estudiantes para que se dé un debate crítico de pensamiento que no la tenemos en nuestras universidades, porque hemos sido educados de una forma reactiva y no proactiva.

–   **¿Quién nos sometió al rebaño?**

CAPÍTULO III:
EJEMPLOS DE APLICACIÓN DE GUERRAS DE IV Y V GENERACIÓN

LIBIA: APLICACIÓN DE LA GUERRA DE CUARTA GENERACIÓN

Iniciaré comentando: «luego de la invasión a Libia para llevar ayuda humanitaria a la población civil en el 2011, la OTAN se ha ido y dejó un país ardiendo en llamas [antes de la llegada de la "ayuda humanitaria" para el pueblo era el más rico de África]. ¿Y los responsables? – Cierto, están acabando con Siria, van por más». – Fin de la cita.

Los centros intelectuales tecnócratas del club Bilderberg prepararon la invasión a Libia recurriendo a la sutil contaminación de la educación impartida oficialmente y convirtiendo el componente emocional en determinante político. La promoción de la educación, respetando las tradiciones de las comunas tribales, había alcanzado a los más amplios sectores de la población en la Jamahiriya Libia, la cual llegó a poseer la mejor infraestructura de toda África. Pero ello fue aprovechado y manipulado por aliados imperialistas y sus representantes locales. El Club Bilderberg percibió en esa educación inmensas oportunidades de propaganda para inducir a un desgaste político del liderazgo del Gran Guía y del modelo político concretado en el Estado de Comunas, los cuales servían de protección a la familia y a los comités tribales.

El Club Bilderberg concibe a la educación como un mero instrumento para despertar modos de percepción de estímulos específicos y tipos de sensibilidad que permiten atarse emocionalmente inclusive a imaginaciones o mundos ficticios, alejando la posibilidad de captar el mundo real y de aplicar una praxis transformadora del propio contexto.

Para la instauración del nuevo orden mundial se libra una guerra de cuarta generación cuyo espectro abarca desde la utilización de agentes bacteriológicos para afectar el sistema neurológico y las capacidades físicas hasta la utilización de ideologías pseudos-académicas para crear un pensamiento débil y sin criterio para distinguir la verdad de la mentira y la ficción. En Libia continua esta guerra, porque las tribus de mayor influencia se mantienen dignamente en lucha.

El Gran Guía en su último testamento conocido hacía una afirmación que sintetiza el problema libio y dilucidarla contribuiría a identificar los móviles de la traición interna contra su propio pueblo: **"Hice todo lo que pude para ayudar a la gente a entender el concepto de democracia real, donde comités populares dirigen nuestro país. Pero eso no alcanzó, como algunos, incluso las personas que tenían casas de 10 habitaciones, nuevos trajes y muebles me dijeron, nunca estuvieron satisfechos y tan egoístas eran que aun querían más"** (Testamento del Coronel Gadafi).

Dicha afirmación abre una gran interrogante: ¿Cómo fue posible el surgimiento de una oposición tan extrema desde sectores beneficiados con vivienda, sistema educativo y de salud gratuitos, servicio de agua potable, facilidades de créditos a cero interés, igualdad de derechos de la mujer, libertades y derechos humanos exaltados por la misma ONU, con el mejor status de vida y con un Gran Guía reconocido en toda África? ¿Cómo entender que sectores sacados de la miseria pudiesen estar descontentos con un Estado de comunas tan generoso? Una política de ataque al componente emocional estaba silenciosamente siendo ejecutada, llevando al extremo la idea de destruir los nexos afectivos, tal como preconizaba Bertrand Russell y la cual se convirtió en el punto medular del método para el desgaste político diseñado en los años sesenta por otro intelectual del Club Bilderberg, actual decano de los asesores de la Casa Blanca, Zbigniew Brzezinski.

El contenido del presente análisis de antropología política, en líneas generales, ya sido expuesto en diferentes escenarios de estrategia político-militar y de seguridad, relacionado con la guerra de cuarta generación. Se considera imprescindible que el mismo sea incorporado al conocimiento que nutre la organización de nuestros pueblos, siendo conscientes del escenario paralelo ya avanzado de una fase de guerra de quinta generación orientada a eliminar, con "detonantes bio-sintéticos", los líderes emblemáticos sin dejar rastros perceptibles.

La invasión mercenaria a la Jamahiriya Libia marca una nueva etapa de la agenda del Club Bilderberg. El único oponente histórico al cual el Club

Bilderberg no ha logrado someter es la organización colectiva basada en la comuna familiar. Una visión hegemónica desde la antropología política, devela las razones por las cuales la cultura, tradición y modelo político de Libia debía, según la visión de ellos, ser destruido a toda costa por los mercenarios e instituciones al servicio de poder imperial.

La teoría política contemporánea de crítica profunda, incluso la marxista, ha olvidado destacar este vital tópico sobre la organización estatal basada en la comuna familiar. Precisamente en esto, Gadafi estuvo "como faro de luz" para los hermanos africanos y lo señala él en su último testamento. Marx y Engels caracterizan a la familia, en especial el matrimonio, como una institución social que reproduce la lógica alienante de la dominación, y naturaliza el orden social en la vida privada, "...En tres realidades, trabajo, producción de necesidades nuevas y familia, están dados todos los elementos que originan, la alienación del hombre..."

Las comunas, sean éstas de raíz familiar, tribal o territorialidad colectiva, constituyen un objetivo bélico del imperialismo y como tal, las comunas siempre han sido un tópico presente en los planes políticos de los intelectuales del Club Bilderberg, tales como Bertrand Russell, Zbigniew Brzezinski, Henry Kissinger, Samuel Huntington, etc.

El conocimiento de cómo fue atacada Libia en un escenario de guerra de cuarta generación, permite preparar el arsenal de ideas [y al pueblo] ante la inminente y voraz Guerra de V Generación que se aplica en América Latina.

1.-LA FAMILIA: TRANCA EN EL PASO EL ESTADO SOBERANO AL NUEVO ORDEN MUNDIAL – BERTRAND RUSSELL

Los Bilderberger ambicionan, planifican y combaten maquiavélicamente a largo plazo por metas más allá de lo material inmediato, contra obstáculos de mayor importancia y enemigos más 'peligrosos'. Sí, realmente lo más temido por los núcleos hegemónicos ante la Yamahiriya Libia ha sido la consolidación familiar y su reflejo en la organización política estatal de admirable referencia para toda el África y los demás Pueblos de Sur, línea en la cual intenta consolidarse la Revolución Bolivariana Latinoamericana con epicentro en Venezuela.

En Libia se está utilizando la guerra bacteriológica y química, dando fin a la fase de la globalización y abriendo el paso al establecimiento del gobierno mundial; a ello se suma la utilización de la bomba FAE (Fuel-Air Explosive), 'explosivos de aire y combustible', apodada 'bomba atómica del pobre', una nueva arma genocida, la cual, además de su poder explosivo superior al TNT, es un aerosol que aspira todo el oxígeno en la zona de impacto en un radio de

2km², y fue lanzada contra la población de Bani Walid, habiendo exterminado en la noche del dieciocho de octubre a más de mil doscientos habitantes, paralelo fue asesinado el anciano pacífico y reconciliador Jefe supremo de la Tribu de Warfalla en Bani Walid, una de la tribus más grandes de Libia y decidida defensora del patriota suelo de la Jamahiriya. En tierra Libia se está aplicando, así, uno de los doce disparadores de conflictos, para desestabilización de Estados soberanos y para consolidar una nueva estructura de poder mundial, anunciados por Daniel Estulin y Adrián Salbuchi.

Los desalojos de la etnia de romaníes irlandeses -travellers- en Gran Bretaña, en el condado de Essex, a unos 40km de Londres (Violentos desalojos contra comunidad gitana en Reino Unido), constituye el intento de borrar todo vestigio de organización comunal capaz de superarse en condiciones autogestionarias e independiente del control político por parte de un Estado capitalista represivo, saqueador y anulador de la producción familiar, de sus bienes acumulados y de las ofertas de servicios comunitarios compensatorios. Estados opresores pasan por encima de la propiedad privada comunal pues se resisten a dejar crecer iniciativas de autogestión comunal que conducirían a la independencia de los pueblos contra los mecanismos de esclavitud moderna: hipoteca de la propia fuerza de trabajo para adquirir viviendas, créditos impagables, trabajo sub-pagado con eliminación progresiva de los beneficios de jubilación y mecanismos de elección de candidatos no postulados desde la bases populares, sino representantes de los grupos hegemónicos locales y respondiendo a intereses de los núcleos de poder mundial.

El ataque a la Jamahiriya Libia, un Estado de comunas obedece a un plan de gobierno mundial, el cual pasa también por someter a China. En este contexto cobra aun más relevancia el modelo de organización de comités del Estado libio. Gadafi rememoró, en su último testamento conocido, que los "comités populares dirigen nuestro país". Estos comités populares constituyen una expresión del "concepto de la democracia real", un legado que Gadafi logró sembrar en su pueblo y que explica su admirable resistencia ante los bombardeos y mercenarios genocidas del poder imperial invasor, cuyos objetivos ocultos eran ciertamente dejar sin infraestructura a las organizaciones comunitarias tribales.

Dichos comités se han basado en la cohesión familiar fundamentada en el respeto a la sabiduría del jefe tribal. Además de ser celosos portadores de la cultura y la tradición ancestrales de la Jamahiriya Libia, esos comités se ocupaban de la intermediación para promover la convivencia pacífica y la protección de la familia mediante la solución de necesidades de vivienda, de salud, de educación, de alimentación y de acogencia a hermanos vecinos desvalidos. Precisamente fortalezas como éstas, manifiestas en la organización política de la Jamahiriya Libia, han sido el tipo de blanco a demoler considerado en las ideas germinales que nutrieron al Club Bilderberg, como brazo político, para la pretendida creación del nuevo orden mundial. Bertrand Russell fue el mentor intelectual de esas élites.

El principal contenido ideológico-imperialista de B. Russell, queda expuesto en sus tres libros The scientific outlook (TSO, 1931); Education and the Social Order (ESO, 1932) y The impact of science on Society (ISS, 1952). Ellas constituyeron las conferencias que Russell ofreció originalmente en las sociedades elitistas en el Ruskin College de Oxford y en la Royal Society of Medicine de Londres, desde donde se planificó la alianza entre países de población blanca para aplicar una política de genocidio mundial contra la 'población de color' causando una 'muerte negra'. Al respecto afirmaba Russell: "Yo no considero que el control de la natalidad es la única vía en la cual la población puede ser contenida del incremento. Existen otras, las cuales, uno debe suponer, oponentes del control de la natalidad preferirían. Guerras, tal como apuntaba hace un momento, han estado siendo al respecto decepcionantes, sin embargo, la guerra bacteriológica puede probarse más efectiva. Si una muerte negra pudiese ser diseminada, a lo largo de todo el mundo, una vez en cada generación, los sobrevivientes podrían procrear libremente sin hacer al mundo demasiado lleno. En esto no habría nada que debiese ofender la conciencia del devoto o contener las ambiciones de los nacionalistas. El estado de cosas podría ser en algo displacentero, pero ¿qué hay con eso? ¿Cuál es el problema en eso? N.dT]. Realmente los pueblos de inteligencia alta son indiferentes a la felicidad, especialmente a la de otros pueblos" [el resaltado es en este caso y los siguientes nuestro] (ISS, 1952: 127-128).

Las elucubraciones realizadas por 'Sir' Bertrand Russell, "Premio Nobel de literatura" (1950), sobre los preparativos a largo plazo para la imposición del modelo de nuevo orden mundial, aunque poco conocidas, se bifurcan en tres áreas: (1) **Primerio:** la identificación de la familia como el enemigo más grande de los Estados que pretenden imponer el orden mundial, **segundo:** los métodos de destrucción familiar y **tercero:** el uso de la educación para diseminar ideologías pseudo-científicas, como el tecnocratismo y el constructivismo, los cuales deberían conducir a instaurar el pensamiento débil, especialmente desplazando erróneamente metodologías de las ciencias naturales como las matemáticas hacia las ciencias humanas como la pedagogía y las ciencias de la educación.

Para los promotores de la instauración de un gobierno planetario a partir de la creación de un nuevo orden mundial no existen diferencias políticas o religiosas fundamentales. Sólo existen tendencias políticas deseables o corrientes políticas inconvenientes, ambas catalogadas según sirvan o atenten contra la preservación del privilegiado estatus de vida y dominación que han alcanzado los países por tradición colonialistas y sus nuevos aliados.

El nuevo gobierno mundial estaría en manos de la oligarquía, quien accedería a los más avanzados conocimientos tecnológicos para consolidar y preservar su poder a costa de las masas ignorantes ciegas y acientíficas (TSO, 1931:142; 235).

La educación seria el instrumento predilecto para amoldar el pensamiento social (ESO, 1932:14; 154), mientras que la familia seria el blanco a ser destruido puesto que es la única instancia capaz de frenar los cambios sociales que la clase tecnocrática quisiese inducir y ella es una fuerza opuesta al Estado desde que éste existe (ESO, 1932: 48).

2.- LA DESTRUCCIÓN DE LA FAMILIA COMO OBJETIVO POLÍTICO DE LA OLIGARQUÍA MUNDIAL

Para los oligarcas promotores del nuevo orden mundial no existe ni catolicismo ni comunismo, tampoco ni liberalismo ni socialismo, como enemigos políticos: "La sociedad científica será simplemente la oligárquica, tanto en el comunismo o socialismo" (TSO, 1931:233), además en el capitalismo, así como donde exista cualquier forma de democracia (Idem).

Para la oligarquía mundial representada en el Club Bilderberg, su único enemigo lo constituyen las raíces culturales, afectivas y morales que son sembradas por la familia y que pueden frenar su proyecto de difusión de la tecnocracia amoral como modelo de vida, de valores y de liderazgo en la sociedad. En consecuencia habrá que destruir la familia: "El sentimiento de parentesco tiene una poderosa influencia en el comportamiento, no sólo en la mujer, sino en el hombre. Nosotros no tenemos data disponible para juzgar que les sucedería si sus sentimientos fueran removidos, pero sí podemos conjeturar con seguridad que ambos podrían ser cambiados enormemente. Es probable que la mujer sintiese pocos deseos de niños en esas circunstancias (...) Es probable que la relación del hombre y la mujer se desarrollase de modo trivial y que la afectividad conyugal llegase a ser algo raro. Probablemente el hombre llegaría a ser menos inclinado al trabajo duro (...) Es dudoso, sin embargo, en un mundo donde la familia no existiese, que el hombre ordinario se dedicase por sí mismo a eventos que ocurriesen después de su muerte (...) A pesar de todo, hay una gran cuestión que debe ser dicha en vista a la otra cara del asunto. Todas las emociones posesivas son peligrosas, y no menos aquellas de los padres hacia sus hijos" (ESO, 1932: 50).

Los promotores de la creación de un gobierno mundial hallaban dos grandes obstáculos para la concretar una 'solución lógica' (genocidio mediante una 'muerte negra' y hambrunas) al problema de regular desde una autoridad mundial la 'sobrepoblación' que impedía el avance en su plan hegemónico: "Hay suficiente disposición para crear una fuerte autoridad internacional, pero ésta será imposible si tiene (...) medidas impopulares. Existen, de hecho, dos dificultades opuestas. Si en el presente los alimentos fuesen racionados, las naciones de Occidente podrían sufrir algo que ellos verían como hambruna. Pero, por otra parte, las naciones pobres son aquellas, cuya población se incrementa más rápido, podrían sufrir más por un reajuste, con lo que permanecerían igual. Tal como las cosas están, todo el mundo se opondría a la lógica solución" (ISS 1952: 137). En vista de esta evidente dificultad, el mentor de los planes hegemónicos Bertrand Russell, propuso una forma sutil y oculta de solución basada en cambiar la vida familiar (TSO 1931: 11).

La introducción de cambios en la vida familiar se basó en utilizar la salud como componente geopolítico clave en la implantación del orden mundial hegemónico. Retrotrayéndonos a la actualidad, una aplicación brutal que estas ideas la vemos en la invasión de la OTAN en Libia, destruyendo el sistema consolidado de salud de la Jamahiriya, una larga labor bajo el liderazgo de Gadafi: "Durante 40 años, o aún más, no recuerdo, hice todo lo que pude para darle al pueblo casas, hospitales, escuelas, y cuando tenían hambre alimentos". (Testamento del Coronel Gadafi).

3.- ATAQUE BIOQUÍMICO–PSICOLÓGICO PARA DESMEMBRAR LA FAMILIA Y AISLAR AL INDIVIDUO

La implantación de un "gobierno científico elitista", desde la perspectiva oligárquica, deberá fortalecer la salud en los descendientes de las familias de formación científica y, para no perder la lealtad popular, debería crear las condiciones en las familias inferiores para debilitar la sed de libertad y de esperanza.

Para las familias oligárquicas se aplicará "tratamiento eugenésico, químico y termal del embrión, y deberá ser usada dieta desde los primeros años en vista al logro de la más alta capacidad que exista" (TSO 1931: 253).

El anhelo por mejorar la raza oligárquica consistía en lograr que "por una bien dispuesta selección de químicos que sean inyectados en el útero, sea posible cambiar a un niño en un matemático, un poeta, un biólogo o un político" (ISS 1952: 176). Aquí ya se visualizan elementos de la depuración racial intrauterina como práctica oculta en sus propias poblaciones. Siendo así, ¿qué se puede esperar para el resto del mundo 'inferior'?.

La población restante, acientífica e ignorante, "por medio de inyecciones y drogas y químicos (...), sería inducida a soportar de cualquier manera lo que sus maestros científicos puedan decidir que es para ellos bueno".

Haciendo uso de la ciencia habrá que aplicar una trilogía para desmembrar la familia: "La dieta, las inyecciones y las imposiciones punitivas deberían combinarse desde muy jóvenes para producir la clase de carácter y la clase de creencias que las autoridades consideren deseables. Así, cualquier tipo de crítica seria sobre el sistema de poder, se convertirá, psicológicamente, en imposible" (ISS 1952: 66).

Primero: la dieta deberá inducir a los cambios en la estructura biológica natural del individuo, por medio de transformaciones genéticas o la incorporación de químicos y fragmentos virales en los alimentos para que liberen toxinas y produzcan adicciones, teniendo por objetivo debilitar el funcionamiento mental y físico del organismo humano: "Los hombres adquirirán poder para alterarse a sí mismos y usarán inevitablemente este poder" (TSO 1931: 169).

Segundo: las inyecciones servirían para la inoculación de agentes infecciosos que aletargan la población y disminuyen la vida biológica. La idea de impactar la sociedad por medio de agentes virales bacterianos vía vacunación, plantas e insectos estaba tan adelantada ya en la década de los cincuenta, que otro 'lord' británico, dedicó una publicación a tal temática. Se trata del virólogo 'Sir' Frederick Charles Bawden con su ensayo "The impact of viruses on

241

society" (IVS 1956: 65-101). Este coagente del plan hegemónico, en su intrincado discurso, alude a la relación entre las vacunas y la aparición de alergias (Y estamos citando algo dicho en los años cincuenta). Como en estas esferas del poder nada es casual, es menester mencionar sus interrogantes acerca de la relación entre los virus y el desenlace cancerígeno: "¿Pueden las células contener en su propia constitución las potencialidades para llegar a ser cancerígenas cuando sean expuestas a un estímulo apropiado? ¿O acaso tienen que contraer algunas partículas extrínsecas que permanezcan latentes e inofensivas hasta que la célula obtenga el estímulo correcto?" (IVS 1956: 101).

Excursus I: Por una parte, la respuesta a la primera interrogante, consiste en haber desentrañado el mecanismo de replicación de las células embrionarias, cuya alteración sirvió para la inducción del cáncer, al igual que en la actualidad sucede con las células madres (por ello el interés de recolectar información genética de mandatarios y líderes específicos e introducirle agentes sintéticos "detonantes biológicos" adaptados a su genética individual. Casos para reflexionar: Fernando Lugo - Paraguay-, Cristina Fernández -Argentina-, Lula Da Silva y antes su amigo José Alencar Gomes da Silva - Brasil-, Hugo Chávez -Venezuela. Por otra parte, la respuesta a la segunda interrogante radica en la introducción de partículas o fragmentos de agentes infecciosos o virus bacterianos los cuales serán activados por agentes sintéticos y por fuerzas electro—magnéticas específicas que simulan las fuerzas electrostáticas propias de las células huéspedes (Fin del excursus).

Tercero: las imposiciones, sea como expresión de conductas autoritarias y moralistas de los padres, sea como conjunto de reglas o sanciones jurídicas que permean el hogar, destruirían el ambiente afectivo de niño, de modo que éste desarrollase actitudes de rechazo a su propio núcleo familiar, buscase suplir su carencia emotiva y afectiva en nichos de grupos externos de otros niños o adolescentes, quienes recibirán las pautas de conducta desde los medios de difusión masiva, obteniendo como resultado la desintegración familiar.

4.- EDUCACIÓN PARA LA DESTRUCCIÓN DEL LIBRE ALBEDRÍO

Dentro de la planificación del modo como se crearían las condiciones para establecer una autoridad planetaria, la educación, la salud y la propaganda desempeñaban un rol fundamental: "El propósito de la educación debe ser destruir el libre albedrío. De esta manera, después de que los jóvenes abandonen la escuela deberán ser incapaces a lo largo de sus vidas de pensar o actuar al contrario de lo que sus maestros hubieran querido, es decir, autónomamente" (ISS 1952: 66).

La educación estaría acompañada de medidas en el campo de la salud: "Nuevas formas de embriagarse aconteciendo sin dolor de cabeza pueden ser descubiertas, y nuevas formas de intoxicación pueden ser inventadas de manera tan deliciosa que por su voluntad los hombres están dispuestos a pasar sus horas ayunando en la miseria. Todas esas son posibilidades en un mundo gobernado por el conocimiento sin amor, y el poder sin encanto" (ISS 1952: 268).

Excursus II: Formas deliciosas de intoxicación se notan en el aspartame y el ciclamato presentes en los dulces. Estudios recientes han establecido que la ingesta de bebidas gaseosas, además de convertirse en elementos etílicos dentro del organismo, incrementa la violencia física y las conductas agresivas en los jóvenes.

Dentro de los inventos 'deliciosos' se halla uno que utiliza el contacto sexual para hacer eficaz un arma bacteriológica cancerígena que selectivamente ataca a grupos étnicos, realizada con los avances de la biología sintética: VPH y HIV, invento reconocido por la American Association for the Advancement of Science cuando concluía que el "Special Virus" (HIV) es "un nuevo agente patógeno producido vía manipulación de genes humanos" (Graves, 2001: 91). En este contexto de fabricación de agentes sintéticos con capacidad biológica para afectar ciertos grupos étnicos, cobran relevancia las palabras del Presidente racista

Sudafricano, P.W. Botha, en plena época de lucha de la población contra el apartheid, cuando el 15 de agosto de 1985 declaró: "Nuestra unidad de combate está ahora entrenando especiales chicas blancas en el uso de elementos sintéticos de envenenamiento lento. Lo nuestro no consiste ahora en una guerra donde podamos usar la bomba atómica para destruir a los negros, sino que debemos usar nuestra inteligencia para afectarlos. El encuentro de persona a persona puede ser muy efectivo. Tal como los registros lo muestran, el hombre negro de desvive por ir a la cama con la mujer blanca; aquí está nuestra única oportunidad... Nosotros hemos recibido un nuevo contingente de prostitutas de Europa y América" (Idem). Otra evidencia de igual peso, sobre el carácter de arma étnica del virus causante del SIDA, también la constituye las afirmaciones acerca de la creación de vacunas contra el HIV, cuya efectividad se ha mostrado en los grupos no–blancos (Walsh, Nancy (2003). AIDS vaccine may reduce rate of infection: greater efficacy in nonwhites. Clinical Psychiatry News, August, 2003). Lógicamente, ello permite constatar que este virus está diseñado para "grupos étnicos de color", por lo cual ahí se mostraría mayormente la eficacia hallada. (Fin del excursus).

La educación será usada como propaganda pro el nuevo orden mundial: "Aparte de la cohesión nacional con el Estado, lo cual es todo aquello que la educación estatal intenta lograr en el presente, la cohesión internacional, y en el sentido según el cual toda la raza humana es una unidad cooperativa, es inmensamente necesaria si nuestra civilización científica quiere sobrevivir. Yo pienso que esta supervivencia será una exigencia, como condición mínima, para el establecimiento del Estado Mundial y la subsiguiente institución de un sistema mundial de educación, diseñado para producir lealtad al Estado Mundial" (ESO, 1932: 14). "La educación universal ha incrementado inmensamente las oportunidades de propaganda. No sólo es la educación en sí misma y en todos lados propagandista, sino que el poder de leer hace a toda la población susceptible a la influencia de los medios de difusión masiva" (ESO, 1932: 154). Esta idea será desarrollada por otro ideólogo del Club Bilderberg, Zbigniew Brzezinski. (Fundador en 1973 de la comisión trilateral, el partido político de la plutocracia financiera mundial).

5.-EL DERRETIMIENTO DE LA DEMOCRACIA O EL DESGASTE POLITICO

El descontento y la insatisfacción de algunos grupos o sectores de la sociedad Libia comenzaron a manifestarse frente a las cavilaciones paralizantes de un Estado llevado por un espíritu sumamente comprensivo y paternalista, el cual luchaba por salir del aislamiento internacional. La novedosa forma de penetración imperial fue tan sutil y eficaz que no dio tiempo a que la Jamahiriya descifrara esa estrategia. En este contexto es donde se presenta el fenómeno del desgaste político en suelo libio; se estaba en presencia del derretimiento de la democracia, en referencia a lo cual vale aludir a Noam Chomsky en su libro Deterring Democracy (1992), traducido el castellano, previa eliminación de algunas secciones 'inconvenientes', bajo el título Miedo a la democracia (1997).

Es imperante que los movimientos revolucionarios genuinos comiencen a decodificar dicho fenómeno. El desgaste político aparece cuando se presenta una situación confusa en la cual la regla que norma la integración de actores sociales es discursivamente difusa o incoherente en la práctica. El desgaste refleja una pérdida o carencia de sentido en sectores con ausencia de proyecto incluyente o sectores que son inducidos, vía "mass media", a percibir sus propias aspiraciones o apetencias como no acogidas en el discurso y práctica de quien lidera un proceso político. Por esta razón quien se considere demócrata no debería estar ajeno de aquellos letales efectos políticos de la tele-sociedad, entiéndase los mass media, magistralmente descritos por Giovanni Sartori en su libro Homo videns. La sociedad teledirigida [2008 (1997)].

El fenómeno del desgaste político puede concebirse como una tendencia estructural-ideológica hacia la difuminación de las líneas rectoras de una colectividad. La creación de tendencias difuminadoras está preconcebida para la destrucción del proyecto de identidad ético sobre el cual se erige la democracia real. Los enemigos de los proyectos políticos soberanos y conducentes a la autodeterminación de los pueblos atacan la columna medular: las líneas rectoras de carácter ético, puesto que ellos se basan en el poder de la inmoralidad, para hacer posible el posterior chantaje, la finta de indiferencia ante la injusticia y posibilitando la complicidad estructural [Cfr. Rupert Lay: Die Macht der Unmoral. Oder: Die Implosion des Westens (1993)].

No es casualidad que los Bilderberger intenten debilitar los tres rasgos definitorios de las líneas rectoras de un proyecto político: (1) Ellas identifican el discurso y los móviles de un liderazgo de acción colectiva, (2) le otorgan carácter de especificidad a un movimiento político y además (3) instituyen la función aglutinadora de actores sociales por proyectar las aspiraciones comunes en un contexto histórico determinado.

Al quedar un colectivo sin líneas que sirvan de ideas motrices para su accionar social, queda reducido a una mera "masa amorfa", con tendencia indiferenciada (los llamados "idiotas políticos" en la Grecia antigua: estando éstos en la polis creían ser 'a-polis', ajenos y sin compromiso con lo colectivo). En esa inducida indiferencia, los lazos axiológicos sólo tienen la intensidad de la emoción pasajera, ellos determinan la aparición de núcleos políticos emotivos extremistas ciegos, opuestos a todo intento para crear polos reales basados en lo racional. Los instrumentadota del desgaste político quieren evitar, así, la polarización basada en el juicio racional; específicamente, ellos pretenden eludir aquella polarización que se constituye desde la "conciencia de pertenencia a un núcleo axiológico", incompatible con aquellos otros núcleos formados para la negación, abolición o privación de su fuerza moral.

Los rasgos axiológicos se manifiestan en la cadena de lineamientos prácticos. Éstos parten de aspiraciones del sujeto histórico -sea individuo o colectivo- a realizar o concretar valores asumidos por él. Dichos lineamientos perviven, pasando a través de las normas codificadas, hasta la última elección práctica del agente (Di Bernardo, L'indagine del mondo sociale -abreviado IMS, 1979: 174). En la praxis transformadora se materializa y se sopesa el grado de compromiso real de las aspiraciones portadoras de cargas valorativas de los agentes políticos. La repercusión colectiva de esas aspiraciones signará la especificidad del liderazgo político, cuyo fin genuino consiste en orientar el comportamiento colectivo según un grado de correspondencia empírica con imperativos éticos o con un sistema de principios morales (IMS, 1979: 87).

En el contexto político con bases en lo real amerita explicitar cuál es la regla que signa el accionar social en este momento histórico de hundimiento de un modelo capitalista paralelo a la emergencia de nuevas estructuras de signo socialista. Para interpretar la realidad histórica, escenario de pugna por la liberación - como diría Ignacio Ellacuría en su libro Filosofía de la realidad histórica (1991: 90) -, se precisa de criterios referenciales suficientemente explicitados, cuya aplicación conduzca a saber qué hacer con la información recabada del contexto, mostrando así los índices de coherencia con los proyectos normativos emancipadores.

En el escenario socio-político, los datos recogidos son las únicas pistas por las cuales pueden guiarse los analistas situacionales, pero en muchos casos, al carecer del conocimiento de una teoría, no pueden explicarnos qué hace que la gente funcione; es decir, no pueden explicar la conducta que observan y registran, en consecuencia están impedidos de formular soluciones prácticas para consolidar o revertir determinada tendencia en el escenario socio-político. Las fuentes de tal impedimento proceden del individualismo metodológico, el rechazo a la lógica formal del método científico (RSF 2000: 148) o el extremo de racionalizar los fenómenos sociales sin conocer a cabalidad el contexto de aplicación de las reglas de la acción social, como apunta Di Bernardo en Le regole dell'azione sociale (RAS, 1983: 120).

Uno de los retos intelectuales en la búsqueda de solución al desgaste político lo constituye desenmascarar la visión tecnotrónica de la sociedad presentada por Zbigniew Brzezinski, la cual implanta, como principal objetivo de los núcleos de poder anglo-americano, el ataque al recurso emocional de un país, visión la cual se ayuda de la teoría de la acción deliberada, en la cual descansa la antropología capitalista. Comprender el pensamiento e intenciones de las tesis de Brzezinski pasa por centrar la atención en lo acontecido en Libia, por reflexionar en torno a los ensayos de diferentes técnicas para debilitar la organización política de base comunal de la Jamahiriya, con el propósito de construir una referencia teórico-práctica para repensar el modo de fortalecer los movimientos revolucionarios latinoamericanos, comenzando por Venezuela. Las nociones de desgaste político y de manipulación emocional están asociadas al inducido levantamiento de los pueblos contra quienes les quieren hacer el bien.

6.–LA DEMOCRACIA REAL Y COMO DESGASTARLA EN EL TERRENO POLITICO – BRZEZINSKI

Ya decía Bertrand Russell que "el poder de leer hace a toda la población susceptible a la influencia de los medios de difusión masiva" (Education and the Social Order -Abreviada ESO-, 1932: 154). Ciertamente, todos los programas académicos y de formación institucional acompañados de la respectiva literatura dizque científica que los centros intelectuales de poder exportan a los Países del Sur, están concebidos para crear un determinado molde mental, fuera del cual no es posible aprehender la realidad en su genuina naturaleza, sino que es programada la mente para razonar a partir de meras proyecciones o conceptualizaciones alienantes, las cuales conducen a la apatía y falta de compromiso social en la praxis. Un pensador crítico, quien ha luchado contra esta pseudo-academia y a quien le temen la mayoría de los intelectuales de pensamiento débil, en su libro "La relación entre la sociología y la filosofía" (en adelante RSF, 2000) lo resume así: "Hasta mediados de la década de 1960, quien quisiera dedicarse al misticismo o al pensamiento marginal, al fraude intelectual o al antiintelectualismo, tenía que hacerlo fuera de las sagradas arboledas de la academia.[...] Ahora ya no es así. Durante las tres décadas pasadas, aproximadamente, muchas universidades se han visto infiltradas, aunque aún no atrapadas, por los enemigos del rigor conceptual y de la evidencia empírica: los que proclaman que no hay una verdad objetiva (de ahí el «todo vale»); los que hacen pasar la opinión política como ciencia, y los que se dedican a una falsa erudición. No se trata de pensadores heterodoxos originales: simplemente ignoran e incluso desprecian por completo el pensamiento riguroso y la experimentación" (RSF, 2000:311-312).

Las ideas de Russell llegarán a ser incorporadas a la estrategia de desgaste político presentadas por Zbigniew Brzezinski en su libro La era Tecnotrónica (adelante como LET, 1969), el cual se ha convertido en el manual de referencia para infiltrar los contenidos de los programas educativos a nivel de primaria y universitario de los Países del Sur, además de los medios de difusión masiva, presentando el estilo 'democrático' de vida consumista occidental y la tecnocracia amoral e insensible como el prototipo a imitar por los pueblos de la "periferia mundial".

Según Brzezinski, la sociedad tecnotrónica crearía las condiciones para la formación de la política amorfa. Una fuente de constante desgaste político la constituye el conjunto de condiciones creadas para impedir la definición ideológico-política, provenientes de una influencia imperialista de naturaleza 'porosa y casi invisible'. El modo como ello acontece se explicitará en este análisis recurriendo a una reinterpretación -desenmascaramiento- de los postulados teóricos del discurso racista de la revolución tecnotrónica expuesta por Zbigniew Brzezinski. Se tratara de estudiar al oponente ideológico desde dentro y de descomponer su discurso para explicitar los mecanismos que el imperialismo utiliza para conformar movimientos amorfos por su indiferenciación ideológica y ética.

El caso de Libia ofrece ejemplos aleccionadores, de modo que el presente no se trata de un mero ejercicio teórico: Esos anómalos grupos de oposición anti-Gadafi sin definición ideológica serviles al imperio y en coordinación con la OTAN han quedado a la vista. Sus crueles acciones contra población indefensa ilustran sus carencias éticas. Es necesario tomar previsiones a partir de lo acontecido en la Jamahiriya. El escenario puede variar, pero el sutil esquema empleado por quienes se creen los amos del mundo es similar en cada región donde emergen iniciativas de emancipación y autodeterminación de los pueblos.

– Veamos lo que nos dice Brzezinski.

La estrategia imperialista, devela Brzezinski, "funciona mediante la interpenetración de las instituciones económicas, la armonía cordial de los dirigentes y partidos políticos, los conceptos compartidos de los intelectuales refinados, la fusión de los intereses económicos" (el resaltado en este y los subsiguientes es nuestro. NdR. LET, 1969: 63).

Yendo más allá de lo dicho por Brzezinski, se puede afirmar que, el imperialismo, si bien no es algo nuevo en el mundo, sigue siendo algo que todavía no ha sido bien elucidado. Las observaciones de este ideólogo de la extrema derecha lo confirman y no dejan de tener actualidad: "Lo que los análisis más ortodoxos del imperialismo, y sobre todo los marxistas, no llegan a captar, es lo que hay de novedoso en la relación —compleja, íntima y porosa— de Estados Unidos con el mundo. Quienes interpretan dicha relación sólo en términos de una embestida imperial, hacen caso omiso del papel que desempeña la dimensión esencial de la revolución tecnológico-científica" (LET, 1969: 64).

Brzezinski, continúa explicando: "Esta revolución no sólo cautiva la imaginación de la humanidad (¿quién puede dejar de conmoverse frente al espectáculo del hombre que llega a la Luna?) Sino que estimula, ineludiblemente, la imitación de los más avanzados por los más atrasados y promueve la exportación de nuevas técnicas, métodos y aptitudes organizativas desde los primeros. [...] Todo esto tiene connotaciones imperialistas y sin embargo sería engañoso rotularlo así" (LET, 1969: 64). En verdad, resulta difícil captar la influencia global que ha ejercido dicha sociedad en su papel singular de diseminadora de la revolución tecnotrónica.

La clave del análisis de Brzezinski la constituye el ataque al recurso emocional de un país por medio de la revolución tecnotrónica, y él no tiene escrúpulos en afirmarlo abiertamente: "El Tercer Mundo es víctima de la revolución tecnotrónica. Sea que los países menos desarrollados crezcan rápida o lentamente o que no crezcan en absoluto, es casi inevitable que muchos de ellos sigan dominados por sentimientos cada vez mayores de carencia psicológica" (LET, 1969: 71). La táctica imperialista para mantener la desintegración política en la sociedad consiste en crear complejos de inferioridad y en convertirse en referencia externa en todos los ámbitos, evitando que los proyectos colectivos se consoliden en su identidad, pues la referencia será algo distinto a sí mismos, la referencia será el imperialismo.

Los medios de difusión masiva se encargarán de envenenar las mentes de naciones subdesarrolladas, puesto que "en un mundo electrónicamente intercomunicado, el subdesarrollo absoluto o relativo será intolerable [...] Ya no se trata de la "revolución de las expectaciones crecientes". El Tercer Mundo enfrenta, ahora, el espectro de las aspiraciones insaciables" (LET, 1969: 71).

Referente al contexto libio, vale citar aquí los dos rasgos que el Gran Guía mencionaba: **"nunca estuvieron satisfechos y tan egoístas eran que aún querían más. <u>Fueron ellos quienes dijeron a los estadounidenses y otros extranjeros, que necesitaban "democracia" y "libertad" sin reconocer que es un sistema salvaje</u>, donde el pez grande se come al chico, pero estaban encantados con esas palabras, sin tener en cuenta que en EE.UU., no hay medicina gratis, no hay hospitales gratis, no tienen viviendas gratis, no hay educación gratis y no tienen comida gratis, excepto cuando la gente tiene que mendigar o ir a largas colas para obtener un plato de sopa".** (Testamento de Gadafi).

«Por favor, devuelvánse al párrafo anterior y leánlo de nuevo. Lo sé, es muy triste la realidad y da mucha impotencia ver cómo los poderosos medios de comunicación acabaron moralmente con ese país, luego vinieron "ellos" y lo acabaron sin límites».

El imperialismo hace a la gente consciente acerca de modelos de democracia, de leyes, de luchas reivindicativas, de progreso, de igualdad, de satisfacción de necesidades, de esteriotipos educativos, de ciudadano civilizado. Pero de inmediato pone la trampa: les hace creer que su realización completa será inmediata, a la vez, vía "mass media", les fija metas ficticias con etiquetas como 'democracia', 'desarrollo', 'sociedad civil', 'capitalismo popular', 'libre mercado', 'sueño americano', y toda la variedad de formas lingüísticas vacías de contenido. Si la población no recibe la educación con las herramientas para descifrar esas trampas semánticas, es comprensible que reaccione contra sus mismos benefactores. La revolución latinoamericana ofrece numerosos ejemplos de estas reacciones populares. Es menester identificar su origen y no meramente aludir al disfraz del término 'manipulación'.

Brzezinski ofrece un dato, el cual – dialécticamente reinterpretado – arroja pistas acerca la génesis del descontento colectivo como base para construir el desgaste político: en el Tercer Mundo, una revolución subjetiva precede al cambio del entorno objetivo y produce un estado de desasosiego, intranquilidad, cólera, angustia e indignación. En verdad, se ha observado que "cuanto más se acelera la ilustración más frecuente es el derrocamiento de los gobiernos" (LET, 1969: 76).

Se entiende, en consecuencia, por qué en el Proceso Socialista de la Jamahiriya (puede sustituirse el nombre por algún otro país del eje bolivariano latinoamericano), cuantos más logros y reivindicaciones sociales habían sido alcanzados, más ideales ficticios le eran y continúan siendo presentados al pueblo, de tal modo que permanezca ciego ante los avances reales y 'desilusionado' porque las 'promesas' mediáticas quedan insaciadas, generando el efecto de socavar el apoyo de sectores de la población hacia la propuesta socialista y produciendo el desgaste político.

Los medios de difusión masiva y la educación –preconcebida para tales fines– se convierten en el arma predilecta para crear las condiciones para el desgaste político, puesto que modifican el entorno subjetivo a un ritmo acelerado, mientras que las condiciones objetivas cambian lentamente. La baja en la calidad de la educación científica, social y moral, sobre todo del nivel académico superior, contribuye a objetivos de preservar la condición amorfa de la política. En todos los niveles, "la enseñanza tiende a desalentar el pensamiento autónomo y el desarrollo de esa mentalidad inquisitiva y experimental que es imprescindible para el desarrollo" (LET, 1969: 82). No se trata de sólo de la insuficiencia educacional, sino de crear las condiciones para que a los pueblos los estén maleducando: "La educación de este tipo favorece la formación de una clase de jóvenes insuficientemente preparados, cuya frustración, creciente radicalismo y susceptibilidad a los esquemas utópicos" (Idem) favorecen el ataque a lo emocional del recurso humano. Los hechos suscitados en Libia se ofrecen como dolorosa constatación de la eficacia de esta estrategia imperialista contra una democracia real.

Pareciera que el Gran Guía hubiera visto esta situación con claridad meridiana cuando dice: "**Ahora, estoy bajo el ataque de la fuerza más grande en la historia militar, mi pequeño hijo africano, <u>Obama quiere matarme, para quitarle la libertad a nuestro país, para quitarnos nuestra vivienda gratis, nuestra medicina gratis, nuestra educación gratuita, nuestra comida gratis</u> y reemplazarlas con el American style of thievery (estilo de rapiña americano), llamado "capitalismo", pero todos en el tercer mundo sabemos lo que eso significa, significa que las corporaciones se apropian de los países, se apropian del planeta y la gente sufre**" (Testamento de Gadafi).

Si países del tercer mundo –explica Brzezinski– quisieran buscar una educación para un pequeño porcentaje de estudiantes privilegiados con becas o provenientes de familias ricas, serán sumergidos "en valores y en un sistema educacional que preparan a los individuos para vivir en un país avanzado, y que pueden restarles la posibilidad de desarrollar una personalidad acorde con las exigencias de una vida activa en sus propias comunidades" (LET, 1969: 83) de su país de origen.

En un contexto social en el cual se quiera frenar un proceso de cambio, sería suficiente crear las condiciones para evitar la consolidación de identidades éticas, entiéndase la conformación de polos éticos definidos, los cuales son la base de la fortaleza política de un proyecto de transformación colectiva.

Reinterpretando el discurso de Brzezinski podemos extraer claves para entender que el fenómeno del desgaste político es el resultado de la confluencia de factores desintegradores: "el efecto acumulativo de estos factores favorece la implantación de un esquema político muy turbulento y extraordinariamente amorfo" (LET, 1969: 83).

Esta situación se agrava debido que, en términos generales, la base de la pirámide política de los países menos desarrollados la ocupan las masas de marginados o campesinos pero que ya no están estrictamente circunscriptas a su medio inmediato, porque las comunicaciones en su diversidad telemática establecen un contacto íntimo con la sociedad nacional y las ayudan a 'tomar' o aislar la conciencia de sus carencias materiales. La clase política viene compuesta –siguiendo la terminología de Brzezinski– en gran medida por habitantes postcampesinos o postmarginales carentes de la formación política y que buscan nuevas fuentes de autoridad.

Al desgaste progresivo programado se le agrega la condición humana de algunos políticos, quienes proceden de una pseudo-intelectualidad compuesta por personas relativamente jóvenes que en determinado momento han adquirido cierta educación meramente formal avanzada - a menudo de pésima calidad profesional— "y que, puesto que viven en malas condiciones y piensan que la sociedad no les ofrece las oportunidades a las que tienen derecho, son muy sensibles a los programas xenófobos de tipo militante; en el vértice de la pirámide se encuentra una élite relativamente culta pero reducida, que lucha por conquistar la estabilidad y el progreso o, a veces, por demorar o impedir las reformas porque, para decirlo con las palabras de un estudioso brasileño, así lo quieren" (LET, 1969: 84). Para conservar sus privilegios dependen de la perpetuación del statu quo. Estos privilegios son los de la propiedad o, más a menudo, cuando se trata de naciones nuevas, los de la ubicación burocrática (Idem).

Excursus: Si alguien desea buscar ejemplos prácticos, sería suficiente fijarse en los indicios de mera sustitución de los amos de propiedades y de los recién arribados a posiciones burocráticas desde donde se erigen en nuevos monopolistas del poder, independientemente si es el contexto africano o latinoamericano. Bajo el liderazgo del Presidente Chávez se ofrece parcialmente una solución al problema de la propiedad mediante la valiosísima Misión Gran Vivienda Venezuela, aunque sin haber solucionado el problema de la banca especulativa. Otro de los problemas que atenta contra la propiedad se origina de la mercantilización de la salud y en la dependencia gubernamental de actores e instituciones imperialistas internacionales encargados de asegurar la continuidad de la esclavitud mediante la diseminación de enfermedades mediante algunas vacunas y medicamentos

En Venezuela se observa la paradoja de que productos privativos de la salud son promovidos a través de aplicaciones libres. Estos asesores y proveedores con anuencia basada en la ignorancia o intereses mercantilistas de operarios locales avalan sus productos y los protocolos 'sanitarios', que van a causar más enfermedades, con la consecuencia de mantener al ciudadano sin capacidad de disponer de sus ahorros y restringiéndole la posibilidad de acceder a algún tipo de inversión para ver su trabajo convertido en un elemento productivo de la nación. La única solución que le queda al Estado para detener el desgaste político consiste, además de continuar fortaleciendo el trabajo conjunto del binomio milicia-pueblo, en radicalizar la Revolución en el campo habitacional y de salud, acompañando una educación de la familia en torno a los valores inmateriales y advirtiéndole de las acechanzas de la Dieta Russelliana: Alimentos, Inyecciones y e imposiciones que destruyen el núcleo afectivo. Esto permitiría liberar de la esclavitud capitalista a la mayoría de la población, abriendo la oportunidad de liberar la concentración del capital que antes quedaba en manos de grandes cadenas inmobiliarias y que ahora sería diversificado según la propia iniciativa de los trabajadores (Fin del excursus).

En síntesis, producto de una lectura invertida de los postulados de Brzezinski, podemos afirmar que en relación al desgaste político, "el problema no reside en la falta de desarrollo o cambio, sino que surge porque los pobres se dan cuenta de que ni siquiera el cambio acelerado modificará muchas cosas para mucha gente en el futuro próximo, y porque tienen cada vez más conciencia de que los más ricos también empiezan a sentir remordimientos por la existencia de esta brecha material" (LET, 1969: 84).

Tal comunicación de factores genera un sentimiento de carencia aguda que culmina en la intensificación de la hostilidad política –pero sin identidad propia realmente consolidada– entre grupos asociados en torno a núcleos de valores que son excluyentes entre sí, pero sin que haya una polarización basada en la comprensión del hecho político y los valores compartidos. El cambio e conciencia acontece por la divulgación académica de un conjunto de ideologías pseudos-intelectuales que acompañan al ataque emocional de la población del Tercer Mundo.

Cuidado: «Si usted cree que los problemas internos de su país se resuelven con ayuda de la OTAN, fije en su mente cómo arrasaron con Libia, y por cierto no hubo distinción de personas»

VENEZUELA: APLICACIÓN DE GUERRA DE QUINTA GENERACIÓN

Comentaré: «Venezuela, un país bañado estratégicamente por el mar Caribe, desde el 2011 posee las mayores reservas de petróleo no convencional del mundo, certificada por un organismo internacional, que le da una cifra igual a los 300.000 millones de barriles de petróleo estimadas a una factor de recobro de 20%. Por cierto, el Servicio de Geología de los Estados Unidos establece que pudieran aumentar ese factor de recobro a un 50% con su tecnología actual (más de 500.000 millones de barriles)»

– ¿Tendrá Venezuela alguna importancia geoestratégica para el mundo y especialmente para uno poderoso: EE.UU.?

– Comencemos.

Hugo Chávez es elegido el 6 de diciembre de 1998 como Presidente, a partir de allí Venezuela ha estado bajo el asedio de estas formas y generaciones de guerra, en mayor o menor medida que en otros países. Dueños de medios apoyando el golpe del 11 de abril de 2002, apoyando el paro-sabotaje petrolero de finales de ese año y comienzos de 2003, incursión de paramilitares, sabotajes, asesinatos de personalidades y de dirigentes emblemáticos de la Revolución.

Y esto es así por la sencilla razón. Todos los manuales que tienen de como desestabilizar países, las revoluciones de colores, entre otros, nos han aplicado esas recetas al pie de la letra, pero lo que les ha resultado curioso y extraño a los tanques pensantes enemigos, a los cuales no hay que subestimar, es como las mismas no han dado resultado en el caso venezolano, lo que los ha obligado y nos ha ubicado en un objeto interesante de estudio, porque aún a 13 años de que la Revolución llegó al Gobierno y pese a todos los planes que se le han aplicado para derrocarla y aniquiliarla, aún ésta se mantiene de pie.

Pero ahora la Guerra de V Generación que estos señores plantean es mucho más terrible. Porque ahora a través de diversos mecanismos y métodos, y he ahí el rol de las redes sociales que en la próxima entrega explicaremos, buscan llegar más a la psiquis colectiva para ir a lo emocional y afectarlo, además de apostar al desgaste político. Aplicando teorías como la necesidad social de la información y la psicología del rumor. Por eso es que tenemos que estar ojo avizor.

Recuerde brevemente las características de las diferentes generaciones de guerras ya vistas:

I Generación: objetivo, tierra y soberanía.

II Generación (I guerra mundial): propósitos: tierras y recursos naturales.

III Generación (II guerra mundial y guerra fría): propósito: declaración política e ideológica.

IV Generación (guerra asimétrica): propósito: recursos e intereses públicos y privados.

V Generación (guerra sin límites): propósito: no interesa ganar o perder, sino demoler la fuerza intelectual, obligando al oponente a buscar un compromiso. Utilizar cualquier medio, armas o no.

VI Generación (guerra de bandas): propósito: nuevo sistema de poder, la privatización de todo. Modo: destruir la integridad institucional. Medios: bandas institucionales no sujetas a restricciones legales.

Gracias a los avances científicos y tecnológicos, sobre todo con la proliferación de los denominados "teléfonos inteligentes", es que cada dispositivo se convierte en un fusil para la batalla ideológica en las redes sociales. Y cada uno de nosotros se convierte en un combatiente en las nuevas guerras que están por venir porque somos difusores de información en potencia.

De ahí la importancia de las Redes Sociales como motores de las Revoluciones Políticas. Los medios de comunicación cumplen un rol en el proceso de difusión de la información, son de fácil acceso, cobertura permanente y bajo costo, por tanto puede suponerse que un alto porcentaje de la población tiene acceso a ellos, pero la llegada del internet durante las últimas décadas revolucionó el proceso de recolección y difusión de la información; el tambaleo de la era analógica trajo como consecuencia el desarrollo de tecnologías que permitieran al hombre y a la mujer obtener contenidos de manera instantánea y simultánea, la cultura, la economía, la política entre otras muchas cosas, comenzarían a girar en torno a un mundo globalizado por el internet. Estamos en la era del conocimiento, la era de la interconexión de nuestras ideas, y quien posee la información posee el poder.

Ahora bien, las redes sociales se caracterizan por ser el grupo de las –**Tecnologías de la Información y la Comunicación**– (**TIC**) más consumidas por los usuarios y usuarias de la red, incluyendo los medios tradicionales. Ramón Salaverría, director del Laboratorio de Comunicación Multimedia de la Universidad de Navarra- España ha expresado lo siguiente con respecto al tema de las redes sociales: *"Éstas se han convertido en una fuente de información de la que los medios de comunicación tradicionales han comenzado a beber agregando que las redes sociales se han convertido en algo muy relevante desde la difusión informativa".*

La política como caso particular aborda una nueva forma de proliferar sus ideologías, adaptándose a las facilidades de la transmisión informativa que brindan las redes sociales y sus contenidos, es oportuno mencionar el caso que se desarrolló en Egipto y Túnez a consecuencia de la utilización de las redes sociales, como medio de propagación para llevar a cabo las campañas "revolucionarias" que allí se originaron.

El impacto que genera a los usuarios y usuarias la divulgación de ideologías políticas a través de las redes sociales, puede modificar pensamientos, crear cercanía, generar interacción y participación, y es por eso que una revolución política puede perfectamente apoyarse en la red para dar a conocer sus doctrinas.

En el caso de la república tunecina las redes sociales representaron un detonante usado por los ciudadanos contra el régimen de Zine el Abidine Ben Ali. Los ciudadanos tunecinos fueron ejemplo de como es posible organizarse contra un gobierno de la talla como el mencionado anteriormente, gracias a la interconexión que brindan este tipo de herramientas, ya que los ciudadanos de este país africano lograron obtener un respeto a sus derechos y se convirtieron en un ejemplo para el mundo.

Uno de los aspectos clave que influyó para que la información divulgada a través de las redes sociales llegará a todos los habitantes de ese país, fue el hecho de que los mismos están enmarcados dentro de una población relativamente joven, con un buen grado de alfabetismo y acceso a internet.

Por su parte en el caso particular de Egipto, la revolución vino precedida de los acontecimientos de Túnez, el régimen de Mubarak tenía conocimiento de las consecuencias que podía dejar el hecho de que las personas tomaran fuerza y comenzaran a rebelarse a través de las redes sociales, generando ideas y pensamientos en grupos sociales, por ello este gobierno tomo medidas colocando ciertas restricciones a los servicios de BlackBerry y redes como el Twitter y el Facebook.

En Venezuela particularmente las redes sociales son usadas como elemento de ocio, la población joven suele pasar largas horas sentada frente al computador intercambiando información, creando y divulgando la misma pero que en su mayoría suelen ser de aspectos relacionados con actualidad, moda o simplemente hacer de las mismas una manera de comunicarse con su entorno social.

Todo cambia y los cambios son necesarios, las necesidades de las sociedades nunca son las mismas; hace años un político tenía que sembrar su campaña bajo una serie de eventos que debía desarrollar, viajar a distintos lugares para tener contacto con los habitantes de ciertas y determinadas localidades, escuchar sus peticiones y divulgar sus intenciones, en este siglo XXI las cosas son mucho más sencillas gracias a las innovaciones del internet, esto no deja por entendido que las acciones antes mencionadas deban dejarse de realizar, sólo que las posibilidades de acercamiento para los líderes políticos o sociales se agrandan con los habitantes de determinados entornos gracias al uso de estas herramientas.

En últimos términos es oportuno mencionar que las TIC son herramientas claves para la divulgación de ideas de cualquier contexto, demostraron que son capaces de formar hilos sociales derrocadores de gobiernos en algunos países, quedando claro el hecho de que el saberlas aprovechar le da poder a quienes las posean. ¿Son éstas el poder para quitar y poner jefes de estado? ¿Es ésta la herramienta necesaria para que el pueblo tome el poder? Las naciones ahora se comunican más, los mensajes de un lado al otro solo tardan pocos minutos en llegar, y en algunos casos segundos, y el maravilloso mundo de la informática esta contribuyendo de manera importante a cambiar la forma de pensar.

En las guerras de quinta generación, no hay un condicionamiento tal y como ocurre en las Guerras de IV Generación, sino una manipulación directa del ser humano a través de su parte neurológica.

– ¿Usted creería si alguien le dice que Venezuela está en guerra?

– Venezuela está viviendo momentos inéditos bajo un nuevo concepto de guerra sin límites.

CLAVES PARA ENTENDER LA GUERRADE V GENERACIÓN DEL COMANDO SUR CONTRA VENEZUELA

1.- Breve caracterización de la nueva estrategia de los EE.UU. en estos momentos.

La actual amenaza del imperio contra Venezuela adopta **formas no convencionales de guerra**: aprovechamiento del conflicto social y la descomposición política, **OPSIC**, espionaje electrónico empleando el outsourcing de inteligencia, operaciones encubiertas con fuerzas especiales. Por eso en la táctica combinan diversas formas de lucha: legales, pacíficas, violentas y armadas, siendo la actividad militar un cierre del plan, donde se incluye por supuestos el bombardeo masivo, empleo de todo el poder de fuego. Igualmente, evitando pagar el costo político de la agresión, emplean fuerzas títeres o mercenarios de todo tipo.

2.- Caracterización del «Rollback» empleado por el imperio como estrategia.

Derivado de la informática, «Rollback» significa «Restaurar» la función anterior o restablecer el sistema y es empleado en términos socio-políticos como sinónimo de volver atrás, regresar al viejo orden, devolverse al sistema anterior, reversión de los cambios, detener el proceso transformador, retrotraer. Con este enfoque que trata de "volver" a las políticas capitalistas, en donde EE.UU. y sus socios internos impulsan múltiples políticas dirigidas a "degradar" las fuerzas del pueblo, en este caso, por descomposición interna, no por invasión militar o anquilamiento físico (1). Entre estas políticas se encuentran:

• Guerra económica, desabastecimiento, especulación, sanciones, presión con los precios del petróleo, uso de la calificación de riesgo, manipulaciones monetarias y financieras [boicot internacional].

• Organización sistemática de operaciones psicológicas que desacrediten e ilegitimen al poder público (CNE, TSJ).La OPSIC es la herramienta más utilizadas para exponenciar la conflictividad y el cuadro de ingobernabilidad y están centradas en distorsiones informativas, rumores, tergiversaciones, alarmas infundadas, todo ello dirigido a:

o Desgastar por descomposición interna.
o Estimular la conflictividad social.
o Fomentar rivalidades fronterizas.
o Explotar déficits y carencias económicas-sociales.
o Generar desconfianza e incertidumbre.
o Deslegitimar el liderazgo.
o Propiciar la ingobernabilidad.
o Paralizar e inhibir las fuerzas de seguridad.

En el marco de dicha estrategia se emplean tácticas y procedimientos políticos orientados a explotar los conflictos sociales como vector de acumulación de fuerzas en lo militar:

• Combinación de la lucha de calle y el ejercicio de la violencia.

• Empleo de formas embrionarias de lucha armada.

• Operaciones comandos con fuerzas especiales (mercenarios, pranes, para-militares, policías).

• Acciones de calle, matizada por la violencia armada y no armada.

• Bajo el pretexto de contestar la represión aparecen los grupos armados.

• Inserción de fuerzas especiales extranjeras, que entrenan y arman a los actores oponentes.

3.-Impacto político – militar que persigue el accionar enemigo.

▪ Cuadro de ingobernabilidad y pérdida de legitimidad
▪ Desgaste de las fuerzas de seguridad del Estado
▪ Fijación en el terreno y pérdida del control territorial
▪ Parálisis e inhibición de algunos componentes
▪ Pronunciamiento de desertores y mandos renegados

4.- TIC de la operación Venezuela Freedom-2 como parte de la estrategia Rollback.

En la apreciación del conjunto de amenazas involucradas en esta estrategia **Rollback**, resulta clave en la actual coyuntura reseñar algunos tic de un documento que se le adscribe al Comando Sur de los EE.UU. Más allá de nuestra reservas en torno a la autoría o la confiabilidad de la fuente, este material por su contenido intrínseco, pone en evidencia una serie de pormenores sobre la ejecución de un plan dirigido a destruir el proceso revolucionario en Venezuela, siendo por lo menos una nueva alerta que nos permite reconstruir las múltiples derivaciones de la nueva estrategia imperial:

• Es un plan que posee un curso de acción político-ideológico que se ha venido desarrollando paulatinamente.

• Se trata de un conjunto de operaciones encubiertas, como parte de una guerra secreta donde nadie asume la responsabilidad.

• El teatro operaciones se focaliza en las principales ciudades de la parte norte-costera de Venezuela donde cobró mayor fuerza las desestabilizaciones: San Cristóbal, Maracaibo, Coro, Valencia, Maracay, Caracas, Puerto La Cruz, Puerto Ordaz, etc.

Veamos a continuación un **resumen de la Operación Venezuela freedom-2,** presentado en ocho ítems:

Ítems N° 1

[Venezuela Freedom-2 Operation]

- Phase preceding-

Executive summary

"With the political factors of the MUD we have been remembering a common agenda, which includes a rugged scenario that can combine Street actions and dosed use of armed violence. Of course, should continue as a coverage referendum or amendment that is supported by the text of the Constitution and serves to register, mobilize and organize a critical mass for the confrontation... continue in another paragraph.

"Con los factores políticos de la MUD (Mesa de la Unidad Democrática) hemos venido acordando una agenda común, que incluye un escenario abrupto que puede combinar acciones callejeras y el empleo dosificado de la violencia armada. Por supuesto, hay que seguir impulsando como cobertura el referéndum o la enmienda que se apoya en el texto constitucional y que sirve para censar, movilizar y organizar una masa crítica para la confrontación..."

Items N° 2

"Under a 'fence and suffocation' approach, also have agreed to with the MUD's closest partners; use the National Assembly as a curling iron to obstruct the governance: convening events and mobilizations, interpellate rulers, deny credit, and repeal laws.
Also in internal political level should insist on the Transitional Government and the measures to take after the fall of the regime, including the formation of a Cabinet of emergency, where business sectors, ecclesial hierarchy, unions can be included.NGOs, universities."

"Bajo un enfoque de "cerco y asfixia", también hemos acordado con los socios más cercanos de la MUD, utilizar la Asamblea Nacional como tenaza para obstruir la gobernanza: convocar eventos y movilizaciones, interpelar a los gobernantes, negar créditos, derogar leyes.

También en el plano político interno hay que insistir en el gobierno de transición y las medidas a tomar después de la caída del régimen, incluyendo la conformación de un gabinete de emergencia, donde puedan incluirse sectores empresariales, jerarquía eclesial, sindicatos, ONG's y universidades.

Items N° 3

"Maintain the offensive campaign in the propaganda field, fostering a climate of distrust, prompting fears, making the situation ungovernable. It is important to highlight everything that has to do with mismanagement: administrative failures, the involvement with the high rates of crime and personal insecurity. In this area the Government is on the defensive and show signs of exhaustion, with a speech that each day has less credibility. Analyses show that a current of opinion faithless and apathetic about the promises of the so-called "socialism of the 21st century", has been formed to exist in young people, primarily, a growing identity with our way of life and ideals. In this way we have a solid floor for our security and economic interests and our political values. The US wants to a prosperous Venezuela for all, seated on a basis of shared values, with an efficient Government, a representative democracy and an open market economy. These advances at the present time, are the result of our propaganda campaigns, but we can not ignore the weight of the crisis as empirical data that detonates it and reinforces.

"Mantener la campaña ofensiva en el terreno propagandístico, fomentando un clima de desconfianza, incitando temores, haciendo ingobernable la situación. En esto es importante destacar todo lo que tiene que ver con desgobierno: las fallas administrativas, la afectación con los altos índices de criminalidad y la inseguridad personal. En este terreno el gobierno está a la defensiva y muestra signo de agotamiento, con un discurso que cada día tiene menos credibilidad. Los análisis evidencian que se ha conformado una corriente de opinión incrédula y apática en torno a las promesas del llamado " Socialismo del siglo XXI", existiendo en los jóvenes, fundamentalmente, una creciente identidad con nuestra forma de vida e ideales. De esta manera contamos con un piso sólido para nuestra seguridad e intereses económicos y nuestros valores políticos. EE.UU. quiere una Venezuela próspera para todos, asentada sobre una base de valores compartidos, con un gobierno eficiente, una democracia representativa y una economía abierta de mercado. Estos avances en los actuales momentos, son el resultado de nuestras campañas propagandísticas, pero no podemos obviar el peso de la crisis como dato empírico que la detona y refuerza."

Items N° 4

To arrive at this terminal phase, referred to promote an action plan of short-term (6 months with a closure of the 2 phase to July-August of 2016), as noted, we have proposed currently applying the tongs to suffocate and freeze, preventing the Chávez forces can rebuild and regroup. We must properly assess the power of the Government and its social base, with millions of adherents which can be cohesive and expand politically. Hence our call to be used to fund now that they are giving conditions. Insist on weakening doctrinaire Maduro, placing their filiation Castro and Communist (dependency of the Cuban people) as the axis propaganda, opposed to freedom and democracy, contrary to private property and the free market. Also doctrinaire, should take responsibility to the State and its policy how causal Comptroller of economic stagnation, inflation and shortages.

"Para arribar a esta fase terminal, se contempla impulsar un plan de acción de corto plazo (6 meses con un cierre de la 2 Fase hacia Julio-agosto de 2016), como señalamos, hemos propuestos en estos momentos aplicar las tenazas para asfixiar y paralizar, impidiendo que las fuerzas chavistas se pueden recomponer y reagruparse. Hay que valorar adecuadamente el poderío del gobierno y su base social, que cuenta con millones de adherentes los cuales pueden ser cohesionados y expandirse políticamente. De allí nuestro llamado a emplearnos a fondo ahora que se vienen dando las condiciones.

Insistir en debilitar doctrinariamente a Maduro, colocando su filiación castrista y comunista (dependencia de los cubanos) como eje propagandístico, opuesta a la libertad y la democracia, contraria a la propiedad privada y al libre mercado. También doctrinariamente, hay que responsabilizar al Estado y su política controladora como causal del estancamiento económico, la inflación y la escasez.

Items N° 5

By this, particular importance is the exploitation of the topics such as the shortage of food, water and electricity, taking this last point a serious nature to the government, since the drought has generated a threat of collapse of the reservoirs and we must prepare ourselves to exploit it to the maximum from the political point of view, reinforcing the matrix media that places the electricity crisis as the sole responsibility... continue in another paragraph.

Special interest acquires in the current circumstances, to put in possession the counterfoil of which Venezuela enters a stage of HUMANITARIAN CRISIS for lack of food, water and medicines, it is necessary to continue with the handling of the stage where Venezuela is "close to the collapse and of imploding" demanding of the international community a humanitarian intervention to maintain the peace and to save lives

"Por esto, particular importancia tiene la explotación de los temas como la escasez de agua, de alimentos y de electricidad, teniendo este último aspecto un carácter grave para el gobierno, ya que la sequía ha generado una amenaza de colapso de los embalses y debemos prepararnos para explotarlo al máximo desde el punto de vista político, reforzando la matriz mediática que ubica la crisis eléctrica como responsabilidad exclusiva de Maduro.

Especial interés adquiere en las actuales circunstancias, posesionar la matriz de que Venezuela entra en una etapa de CRISIS HUMANITARIA por falta de alimentos, agua y medicamentos, hay que continuar con el manejo del escenario donde Venezuela está "cerca del colapso y de implosión" demandando de la comunidad internacional una intervención humanitaria para mantener la paz y salvar vidas".

Items N°6

-At the same time, in the international plane it is necessary to insist on the application of the Democratic Letter, as we it have been convenient with Luis Almagro Lemes Secretario General of the OAS and ex-presidents, headed for ex-secretary of the OAS, César Gaviria Trujillo, being able to rely on with some connections with the Democratic Parliamentary Alliance of America to who we have added the bell in development. To bring together these initiatives with the said figure of the "humanitarian emergencies" that allows constructing alliances with other countries that are in the field of influence of the South Command. Further on we will refer to this aspect.

– Here the coordination becomes excellent between organisms of the Community of Intelligence (IC) and other agencies like the nongovernmental organizations ONGs), corporations deprived of communication like the SIP and diverse private means (TV, Press, Networks, radial circuits)

"Al mismo tiempo, en el plano internacional hay que insistir en la aplicación de la Carta Democrática, tal como lo hemos convenido con Luis Almagro Lemes Secretario General de la OEA y los ex – presidentes, encabezado por el ex --secretario de la OEA, César Gaviria Trujillo, pudiendo contar con algunos nexos con la Alianza Parlamentaria Democrática de América a quienes hemos sumado a la compaña en desarrollo. Conjugar estas iniciativas con la citada figura de las "emergencias humanitarias" que permita construir alianzas con otros países que están en el área de influencia del Comando Sur. Más adelante nos referiremos a este aspecto. Aquí se hace relevante la coordinación entre organismos de la Comunidad de Inteligencia (IC) y otras agencias como las organizaciones no gubernamentales ONGs), corporaciones privadas de comunicación como la SIP y diversos medios privados (TV, Prensa, Redes, circuitos radiales)".

Items N° 7

Cannot be on one side, the effort we have been doing to link to the Government of Maduro in the corruption and money laundering. In this we must rely on the work they are doing (Egmont Group), the group financial intelligence unit's financial action force (FATF) and the Committee of experts on the evaluation of measures against money-laundering and the financing of terrorism (MONEYVAL). These are intergovernmental organizations whose purpose is the development and promotion of national and international policies to combat money laundering and the financing of terrorism. The FATF, for example, currently has 36 members comprising 34 countries, which can provide data and provide information to demonstrate the link between the representatives of the Government of Maduro summarized in the Executive order. In these coordinates, should develop media campaigns with the protected witnesses who collaborate with the implementation of the Decree of March 9, 2015.

"No se puede dejar a un lado, el esfuerzo que hemos venido haciendo para vincular al gobierno de Maduro en la corrupción y el lavado de dinero. En esto debemos apoyarnos en el trabajo que vienen haciendo las Unidades de Inteligencia Financiera (Grupo Egmont), el Grupo de Acción Financiera (GAFI) y el Comité de Expertos sobre la Evaluación de medidas contra el blanqueo de dinero y la financiación del terrorismo (MONEYVAL). Estos son organismos intergubernamentales cuyo propósito es el desarrollo y la promoción de políticas nacionales e internacionales para combatir el lavado de dinero y la financiación del terrorismo. El GAFI, por ejemplo, actualmente cuenta con 36 miembros que comprende 34 países, quienes pueden aportar datos y proporcionan información para demostrar la vinculación de los personeros del gobierno de Venezuela sumariados en la Orden Ejecutiva. En estas coordenadas, hay que desarrollar campañas mediáticas con los testigos protegidos que colaboran con la aplicación del decreto del 9 de marzo de 2015.

Items N° 8

While in this field focus of the military situation not we act now openly, with the Special Forces here present have to realize what was already previously planned for the 2nd (iron) of the operation phase. The training and operational preparations for the past months, with the force of task group Bravo at the base of Palmerola, in Comayagua – Honduras, the force of task Joint interagency South – Jiatfs, allows to place such components able to act quickly in a geo-strategic arch supported on the military bases of "control and monitoring" on the West Indian islands of Aruba (Queen Beatrix) and Curaçao (Hato Rey); in Arauca, Larandia, three corners, Puerto Leguizamo, Florencia and Leticia in Colombia; all of this as a place of advanced operations (FOL with projections on the central region of Venezuela where political-military power is concentrated. In this regard we must maintain electronic monitoring on this area of influence, especially in the Atlantic, keeping the incursions of the RC-135 COMBAT equipped with electronic systems that have allowed recently collecting intelligence, intercepting and blocking communications, both the

Government and military contingents. (See respective confidential report). Also should be OK the first battalion 228 Regiment of the air with its 18 aircraft and UH-60 Blackhawk and CH-47 helicopters approaching the ground, preferably Hato Rey facilities in Curacao. We have already established policies and binding orders.

"Si bien en este terreno foco de la situación militar no podemos actuar ahora abiertamente, con las fuerzas especiales aquí presente hay que concretar lo ya anteriormente planificado para la fase 2° (tenaza) de la operación. Los entrenamientos y aprestos operacionales de los últimos meses, con la Fuerza de Tarea Conjunto Bravo en la base de Palmerola, en Comayagua – Honduras, la Fuerza de Tarea Conjunta Interagencial Sur – Jiatfs, permite colocar tales componentes en condiciones de actuar rápidamente en un arco geo-estratégico apoyado en las bases militares de "control y monitoreo" en las islas antillanas de Aruba (Reina Beatriz) y Curazao (Hato Rey); en Arauca, Larandia, Tres Esquinas, Puerto Leguízamo, Florencia y Leticia en Colombia; todo ello como Lugar de Operaciones de Avanzada (FOL con proyecciones sobre la región central de Venezuela donde se concentra el poderío político-militar. En este aspecto debemos mantener la vigilancia electrónica sobre esta zona de influencia, sobre todo en la fachada atlántica, manteniendo las incursiones de los RC-135 COMBAT equipados con sistemas electrónicos que han permitido recientemente recolectar inteligencia, interceptar y bloquear comunicaciones, tanto del gobierno como de contingentes militares. (Ver informe confidencial respectivo).También se debe poner OK el Primer Batallón 228 del Regimiento del Aire con sus 18 aviones y los helicópteros UH-60 Blackhawk y CH-47, aproximándolos al terreno, preferiblemente las instalaciones de Hato Rey en Curazao. Ya hemos establecido las directivas y órdenes vinculantes.

Recomiendo que las respuestas puntuales para confrontar la Estrategia Rollback sean:

1.- Impulso del poder popular.
2.-Instaurar el proceso productivo socialista.
3.-Construir el sistema de agregación comunal.
4.-Desburocratización del Estado.
5.- Combate de las distorsiones informativas y las OPSIC.
6.- Defensa Integral del Territorio.

Ahora bien,   surgen una serie de preguntas: – ¿En qué se diferencian las realidades terroristas que se han desarrollado, temporalmente, en Venezuela frente a realidades expuestas y desarrolladas en circunstancias y momentos históricos en países específicos que se han conocido en los años precedentes y actuales en sus realidades geopolíticas y global del sistema capitalista como cuerpo socio-económico histórico?

Debemos, al tiempo, preguntarnos: ¿Qué tienen en común las realidades internas en Ucrania, Siria,

Libia, Egipto, Bolivia, Ecuador, Honduras con Venezuela y, obligadamente, responder cuáles son las diferencias entre aquellos?

En ese contexto, sí realizáramos un cuadro-marco conformado por todos los países referidos desde lo real-conceptual de la geografía física, geografía humana, geografía económica, comercio exterior, ello, el cuadro-marco, podría contribuir a percibir un escenario global del cual podríamos extraer ideas que nos permitan comenzar a diferenciar nuestra realidad contra-revolucionaria en permanente desarrollo vis a vis aquellas realidades que se han expresado y se encuentra en pleno desarrollo en esos países en referencia propuestos para nuestro análisis. Es decir, los escenarios que se han propuesto desde los centros de poder capitalista sin dejar a ningún poder capitalista en el tintero han estado en perfecta coordinación con objetividades en conjunción con realidades geopolíticas y geoestratégicas que podrían impactar en las seguridades no solo nacionales sino en las coordinaciones político-defensivas de conjuntos globales como, por ejemplo, la Comunidad Europea.

Nos podríamos inquirirnos: ¿Por qué las realidades en Irak y Afganistán desarrolladas desde los gobiernos de los Bush como referencia subjetiva desde nuestra propuesta de análisis? Ello nos lleva, inmediatamente, a preguntarnos: ¿cuáles son las variables que se conjugan en las invasiones del capitalismo mundial a dichos países, Irak y Afganistán en considerando que, en nuestro entender, se presentan fuertes contradicciones en realidades históricas precedentes en otras latitudes geográficas, particularmente, durante la expansión de los imperialismos durante el siglo XIX?

Por último, al tiempo preguntarnos: ¿son esos países desde la óptica de la geoestratégica factores fundamentales que llevaron a ese capitalismo global a desarrollar escenarios interno-nacionales en el norte de África, en el Cuerno de África, en países del Centroeuropeo y, en las actuales circunstancias, desarrollar la nueva política Obama en la Región total de Asia-Pacífico incluyendo, obligatoria y necesariamente, a todos los países americanos con costas sobre el océano del Pacífico? Por último, al tratar de responder las inquietudes propuestas, ellas nos llevan a, definitivamente, preguntarnos: ¿Qué tiene todo ello que ver con Venezuela en el contexto internacional en su relación obligada con el sistema capitalista actual en considerando las contradicciones que se presentan con las políticas socialistas diseñadas por Chávez Frías, y asumidas por Nicolás Maduro?

La presencia de yacimientos de gas natural tanto fuera de costa como en el continente geográfico venezolano, los minerales estratégicos y no nos referimos solamente al hierro y la bauxita, el agua y las tierras arables conjuntamente con la situación geográfica venezolana e, inclusive, nos atrevemos a proponer, por las realidades objetivas contenidas en nuestra Historia que sustentan la actual Revolución Bolivariano-chavista de corte nacionalista-y-continental-americana. Esa realidad no contiene solamente todo lo anterior, debe haber aún otros importantes paradigmas cuando Venezuela ha sido escenario primordial de políticas imperialistas que se conjugarían con la Doctrina Monroe, con la Open door policy, centro de inteligencia internacional en épocas de la Guerra Fría, para que, en ese marco referencial, Washington y sus pares (socios y aliados) se hayan preocupado, permanentemente, en tratar de controlar las realidades internas globales de Venezuela.

Cuando se unifican todas las variables expresadas en las revoluciones de colores, en los escenarios propuestos por Washington y sus acólitos de buscar alcanzar la democracia yanqui con huelgas, manifestaciones, sabotajes, guerras de baja intensidad, incorporación de estudiantes universitarios, fundamentalmente, clases medias alienadas, sectores fascistas y anarco-terroristas, cuando incorporamos las evidentes debilidades políticas de los gobiernos correspondientes legalmente elegidos irónicamente bajo los propios paradigmas propuestos por Washington y sus socios y aliados, por las medias verdades y mentiras en alienación de los medios de comunicación y las redes sociales, alcanzamos dos (2) variables: en primer lugar, los antes propuestos han sido escenarios que, en todo su conjunto, no se han propuesto en cada país arriba en referencia; en segundo lugar, la conjunción de todos los escenarios en praxis en descripción se han manifestado en el golpe de estado permanente, continuado frente al gobierno de nuestro Comandante en Jefe, Hugo Rafael Chávez Frías, y al actual Presidente Nicolás Maduro Moros.

La derecha, globalmente, tienen su propuesta en el marco de las estrictas realidades que se circunscriben a la realidad estructural de Venezuela; es decir, realidades históricas, sociológicas, económicas, étnicas, ideológicas, religiosas e, inclusivamente, los reales impactos de las migraciones tanto de aquellas provenientes extra-fronteras como aquellas producto de la economía petrolera cuales conforman un sub-conjunto sociológico que inducido se ha comportado según diseños previos a la consecución de los objetivos geopolíticos que, en las actuales circunstancias de reingeniería profunda del sistema capitalismo mundial, son exigentes y necesarios en lo real-fundamental de la energía en crisis. Tienen sus objetivos en el concepto más laxo-académico posible pero cargado de ideología capitalista cual nos consideramos como de una conjunción de neo-positivismo con religiosidad inquisitorial cual raya, en consecuencia, con las tesis fascistas conjugadas con esas dos (2) realidades en ese marco real-objetivo-venezolano: el caudillismo trasnochado y el complejo de Edipo.

¿POR QUÉ COLOMBIA ATACA TANTO A VENEZUELA?

Iniciaré comentando: [A Colombia sólo le quedan 5 años de reservas de petróleo]. Y el acuerdo con la OTAN está en el pleno desarrollo. – ¿Casualidad? Fin de la cita.

En 2015 las reservas de crudo probables, posibles y contingentes aumentaron en comparación con un año atrás mientras que se presentó una disminución en las reservas probadas, alcanzando un balance total positivo del 7,9%, dice un informe conjunto del ministerio de Minas y Energía y la Agencia Nacional de Hidrocarburos (ANH).

"Colombia mantiene un potencial significativo para seguir siendo autosuficiente y poder conservar la soberanía petrolera. La variación de las reservas probadas, cuya viabilidad económica de explotación está asegurada, es el reflejo del comportamiento de los precios del petróleo, lo cual no significa que las reservas desaparezcan sino que han sido reclasificadas", dijo el ministro de Minas y Energía, Germán Arce.

Las reservas probadas son de 2.002 (Mbls) millones de barriles (90% de probabilidad); las probables son de 613 Mbls (50% de probabilidad); las posibles son de 440 Mbls (10% de probabilidad) y los recursos contingentes son de 1231 Mbls. Teniendo en cuenta lo anterior, el país aumentó sus recursos y reservas de 3.970 Mbls en 2014 a 4.286 Mbls en 2015, precisa el informe de prensa del ministerio de Minas y Energía.

El descenso en las reservas probadas se debe a la coyuntura mundial. Mientras que Colombia registró una caída del 13% entre 2014-2015, países como Brasil y México presentaron un decrecimiento de 22% y 21%, respectivamente, resalta el informe de prensa.

Dice el ministerio de Minas y Energía en su comunicado que frente la relación de Reservas – Producción (R/P) para crudo, el país cuenta con 5,5 años de reservas teniendo en cuenta los niveles de producción de 2015. Mientras que las reservas probadas de gas del país se situaron al cierre de 2015 en 4,3 tera pies cúbicos, lo cual supone una relación R/P de 10,3 años.

"En Colombia hemos venido trabajando en el desarrollo del Plan para la Competitividad Petrolera que ha permitido adaptarnos a esta crisis mundial, logrando mantener la presencia y el compromiso de inversión de todas las compañías petroleras y sosteniendo la producción en un promedio de 1.006 Kbpd durante 2015. También se evitó la devolución de áreas por efecto de la caída de precios", resaltó Arce.

El informe de la ANH indica que la producción promedio de crudo durante abril fue de 914.000 barriles por día (bpd), registrando una disminución del

0,3% frente al mes pasado cuando se alcanzó una producción promedio diaria de 917.000 bpd.

La cifra preliminar de producción de gas fue de 1.031 millones de pies cúbicos por día (Mpcd), presentando una reducción del 2,51% frente a marzo de este año, cuando se alcanzó 1.058 Mpcd, destaca el informe.

LA OTAN Y LAS ALARMAS QUE SUENAN EN AMÉRICA LATINA

El solo anuncio de que Colombia podría firmar un acuerdo con la OTAN (Organización del Tratado del Atlántico Norte) desató un vendaval de declaraciones en buena parte de América Latina, especialmente en el entorno de los países vinculados al ALBA. Según el diputado venezolano al Parlamento Latinoamericano, **Roy Daza**, el anuncio colombiano "prende las alarmas en Venezuela y en toda la región", ya que "todas las cancillerías de América Latina están alarmadas sobre una situación que debe ser aclarada". Uno de los gobiernos que fue más lejos en su protesta fue el de Evo Morales, quien decidió solicitar la convocatoria urgente de una reunión extraordinaria del Consejo de Seguridad de UNASUR (Unión de Naciones del Sur) para analizar los riesgos que podía tener para la región la iniciativa colombiana.

Como señaló el ministro boliviano de Defensa, Rubén Saavedra, "Cualquier forma de presencia de la

OTAN en Sudamérica o Latinoamérica ya implica un riesgo para la paz de la región. Esta presencia también implica desestabilización de la misma región, un riesgo inminente de la paz que gozamos". Hay que tener en cuenta que estas manifestaciones se realizaron cuando ya se había aclarado que era imposible que Colombia se integrara en la OTAN. En realidad, las declaraciones previas tuvieron un contenido más fuertemente antiimperialista y prevenían sobre las grandes catástrofes que podrían cernirse sobre América Latina de plasmarse la presencia de la OTAN en su territorio.

Previamente el presidente Evo Morales se preguntaba retóricamente: ¿Cómo es posible que Colombia pida ser parte de la OTAN?, ¿para qué?, para agredir a Latinoamérica, para someter a Latinoamérica, para que nos invadan los de la OTAN como han invadido en Europa y en África... es una agresión, una provocación, una conspiración a Gobiernos antiimperialistas, a Venezuela, Nicaragua, Ecuador, Bolivia y no [lo] vamos a permitir. En consonancia con sus palabras también se pronunció el presidente venezolano Nicolás Maduro: "En América Latina, a través de la Unasur nos hemos declarado como una región de paz, libre de guerras y de armas nucleares, por eso lamentamos mucho este giro negativo que el gobierno de Colombia ha dado a sus relaciones con Suramérica y América Latina al anunciar su ingreso a la OTAN que es peor que [el] anuncio de las siete bases militares [de 2009]". Por eso llamó a abrir el debate en torno a ¿cuál es el destino de los militares de la región..., si es la paz o ir con la OTAN a la guerra?, recordando que la OTAN estuvo involucrada en la invasión y derrocamiento de Gadafi en Libia. Frente a ello, "ningún ejército [de América Latina] ha salido a combatir en otro país del mundo, nuestras Fuerzas Armadas son de naturaleza pacifista".

La OTAN y su círculo de amigos
En realidad, más allá de algunas declaraciones altisonantes, la controversia surgida en algunos países de América Latina por el próximo acuerdo de cooperación entre Colombia y la OTAN poco tiene que ver con lo que en realidad significa. De ahí la conveniencia de profundizar en el significado de la iniciativa colombiana, al mismo tiempo que se analizan los vínculos de la OTAN con algunos países de América Latina, ya que no como región en su conjunto.

Para empezar, la OTAN busca ampliar su círculo de amigos. Así lo reconoce su Concepto Estratégico de 2010, según el cual en el actual marco geoestratégico la cooperación con otros países es fundamental para poder afrontar los retos globales (en Afganistán, la ISAF –*International Security Assistance Force*– cuenta con efectivos de 22 países no pertenecientes a la OTAN que contribuyen con 4.000 soldados a la misión). Por este motivo, la política de asociación se ha convertido en una prioridad para la organización desde hace un par de años.

Políticamente permite que algunos países se comprometan con la Alianza en la medida de sus intereses y necesidades, desde el simple diálogo político hasta la identificación de áreas de interés común en las que cooperar. Operativamente facilita que otros países puedan participar de una manera u otra en operaciones lideradas por la OTAN, y mejorar su interoperabilidad con las fuerzas armadas aliadas.

La idea de "cuantos más, mejor" también significa una mayor aceptación, legitimidad y efectividad de las operaciones OTAN. Y es, sobre todo, un espaldarazo a los valores que comparten los aliados. Tampoco hay que menospreciar que es el único instrumento que, en época de crisis y recortes, se puede permitir la OTAN, ya que si se compara con el más elevado gasto que supondría la ampliación se entiende que esta salida resulta más barata para las arcas de la organización.

La política de asociación y partenariado es actualmente un valor en alza, aunque la OTAN lleva 20 años desarrollado un conjunto de programas y estructuras de asociación con casi 40 países a lo largo del área euro–atlántica, mediterránea, de la región del Golfo y de Asia. Este entramado se ha quedado obsoleto y se quiere reformar. Desde la Cumbre de Lisboa de 2010 y la adopción del nuevo Concepto Estratégico se han dado pasos importantes. En abril de 2011 los ministros de Exteriores de la Alianza aprobaron el "paquete de Berlín" para impulsar una reforma que quiere dar flexibilidad y eficiencia a la política de partenariado, además de llegar a más partes del globo. En la Cumbre de Chicago (mayo de 2012) la política de partenariado volvió a ser protagonista, al ser uno de los tres puntos fundamentales de la agenda. Se invitó a 13 países de todo el mundo que habían contribuido significativamente (política, operativa o financieramente) en las operaciones aliadas. Entre ellos no había ninguno de América Latina.

Los socios que se comprometen con la OTAN buscan afrontar los retos de seguridad del siglo XXI, como terrorismo, proliferación de armas de destrucción masiva, piratería y ciberdefensa. Si antes el acercamiento de la OTAN a otros países era eminentemente regional, ahora el futuro pasa por desdibujar las diferencias regionales y buscar países con intereses comunes. También se intenta que éstos puedan asumir parte de las cargas asociadas. Inclusive, en algunos casos podría darse la situación de que contribuyeran más que algunos aliados, y de ese modo incluso se puedan ver implicados en algunos procesos de toma de decisiones. La nueva política de partenariado debe servir además para establecer relaciones estratégicas en regiones nuevas e importantes y desarrollar una nueva dinámica de seguridad.

Las estructuras y los formatos existentes se mantienen, pero en la práctica están siendo reemplazados por una fórmula más flexible denominada formato "28+n" y la realización de encuentros ad hoc cuando se consideren necesarios. De momento, sólo se trata de reuniones donde hay un valioso intercambio de información, pero para la Alianza es una manera de acercarse a las potencias emergentes de Asia, África o América Latina con las que OTAN desea contar. Ya ha conseguido atraer a China y a la India y, según los cálculos de la OTAN, ese acercamiento a los emergentes asiáticos podría estimular a otros países, por ejemplo los latinoamericanos, a participar en algunas de las reuniones y dejar de lado algunas reticencias y percepciones que tienen de la OTAN.

La OTAN, América Latina y Colombia
Las relaciones entre la OTAN y los países de América Latina han sido hasta hoy escasas y a grandes rasgos se limitaron a la participación de Argentina en la Fuerza de Estabilización en Bosnia-Herzegovina (SFOR) en 1998 y la Fuerza de Intervención en Kosovo (KFOR) en 1999-2007 y de Chile en SFOR en 2003-2004. El único país latinoamericano que actualmente participa en una misión bajo mando de la OTAN es El Salvador. Desde marzo de 2011 está integrado en la ISAF, en labores de adiestramiento de las fuerzas militares y policiales afganas, con un contingente de casi una veintena de efectivos. Sin embargo, es Colombia la que acaba de convertirse en la gran protagonista de la relación entre la Alianza y el hemisferio occidental.

Como ha dicho el presidente Juan Manuel Santos en Londres, la relación no es nueva. Desde 2008, a petición de la OTAN y EE.UU., Colombia ha evaluado las posibilidades de cooperación en la ISAF. Ese año, una delegación de oficiales militares y de la policía nacional colombianas viajó a Afganistán para ver de qué manera su experiencia nacional podía servir en actividades de desminado, operaciones especiales, lucha contra el terrorismo y el narcotráfico, y erradicación de cultivos ilícitos. De forma complementaria, visitó Colombia el jefe de la misión de adiestramiento de la OTAN en Afganistán, Bill Caldwell, para aprender de la lucha contra el narcoterrorismo. Al mismo tiempo, en este período ha ido aumentado la presencia de altos mandos militares colombianos en las conferencias de la OTAN y existen equipos militares de enlace de Colombia en la sede la organización. En este proceso de análisis sobre las posibilidades de participación de Colombia, el país ha estado en contacto no sólo con la OTAN y EE.UU., sino también con otros gobiernos, como el del Reino Unido, con quien ha fortalecido su cooperación en materia de defensa. Además, Colombia ya ha participado en una reunión "28+n" sobre la lucha contra el narcotráfico.

El almirante James Stavridis estuvo al mando del Comando Sur de EE.UU. (SOUTHCOM) entre 2006 y 2009, lo que le llevó a conocer de primera mano las actividades en la lucha contra el narcotráfico en Colombia. Esto fue determinante para que desde su puesto como SACEUR (*Supreme Allied Commander*

Europe) entre julio de 2009 y mayo de 2013 promoviera su participación en la OTAN. En mayo de 2012, inmediatamente después de la Cumbre de Chicago, Stavridis sugirió que Colombia podría ser el próximo país latinoamericano en enviar tropas a Afganistán.

También hay que destacar que en mayo de 2012 la OTAN votó a favor de incluir a Colombia en la denominada Comunidad OTAN ATP-56 AAR (*Air-to-Air Refuelling*), lo cual significa que cumple con la normativa aliada para el reabastecimiento en vuelo. Con este acuerdo, la fuerza aérea colombiana es ahora elegible para establecer acuerdos de interoperabilidad en este tipo de operaciones con cualquiera de los miembros de la OTAN y sus socios.

Si la relación de Colombia con la OTAN no es nueva, tampoco es la única de América Latina. Aparte de El Salvador, hay presencia de algunos observadores latinoamericanos en maniobras de la OTAN. En junio de 2011 las maniobras "Bold Monarch 11" contaron con observadores de Argentina y Brasil. Éste último país también ha participado en una reunión 28+n y es el que despierta mayor interés para la Alianza Atlántica. Sin embargo, la OTAN es consciente de la poca acogida que sus propuestas tienen en América Latina. En 2009, la Alianza -aprovechando su 60 aniversario- apostó por abrir las puertas a países como Japón, Corea del Sur e Israel, y luchar contra amenazas globales como la seguridad energética y marítima.

Estas modestas ambiciones globales, que descansaban sobre todo en el énfasis de las políticas de asociación y partenariado, encontraron la oposición de potencias como Rusia y algunos países latinoamericanos.

Entonces, los medios de comunicación latinoamericanos advirtieron sobre el incremento de las actividades militares de EE.UU. en la región y lo ligaron al deseo de expansión de la OTAN. Se hablaba, por ejemplo, de la posibilidad de que el Comando Sur de EE.UU. (SOUTHCOM) asignara Palanquero -una base colombiana a la que tienen acceso las tropas de EE.UU. - como el inicio de un corredor aéreo de la OTAN entre América del Sur y África. Otros medios se afanaban en recordar el artículo tres del Tratado del Atlántico Norte, entendiendo erróneamente que las estructuras militares de un Estado miembro y las de la OTAN están siempre interrelacionadas y que una base de EE.UU. en cualquier país también lo es de la OTAN. El ministro de Defensa brasileño, Nelson Jobim, antes de la celebración de la cumbre aliada en Lisboa en noviembre de 2010, señaló que una interpretación literal por parte de la OTAN de su papel como organización "atlántica" podía abrirle las puertas a la intervención en cualquier parte del mundo, a la vez que rechazaba cualquier injerencia de la Alianza en el Atlántico Sur.

Vemos así como continúan las percepciones de lo qué es y significa la OTAN en América Latina, en ocasiones hablando de expansionismo cuando se trata de políticas de asociación y partenariado o, como en el caso de Argentina, hablando de las Islas Malvinas como bastión de la OTAN, según declaraciones de la ex ministra de Defensa argentina, Nilda Garré, en marzo de 2010. En realidad, la OTAN no busca acercarse a América Latina en su conjunto. Sus políticas de partenariado han ido desdibujando las características regionales en busca de socios con intereses comunes. Lo que necesita, por tanto, son países que puedan participar en misiones lideradas por la organización hasta el intercambio de información. El abanico es enorme y en ella tiene cabida Colombia, de la que los aliados valoran altamente su experiencia en la lucha contra el narcotráfico. El Atlántico Sur no afronta desafíos de seguridad muy diferentes a los del Atlántico Norte, pues la democracia, la seguridad, la paz y la seguridad colectiva son comunes a todos, y todos comparten muchas de las amenazas emergentes.

¿Quiénes atentan contra la humanidad?

– Ahora sí lo sabe.

FINAL

Finalizaré con estas breves líneas: ¡Hugo Chávez Invicto, ese hombre que despertó millones de conciencias!

Hace algunos años conocí a Hugo, en uno de sus pasos que constantemente hacía por su país, recuerdo la impresionante energía que generaba en aquellos lugares, como se desbordaba un pueblo para recibirlo, recuerdo los miles de rostros con lágrimas y sin olvidar que muchos llantos fueron calmados con un abrazo del mismo Hugo. Simplemente ha sido único y excepcional.

Chávez recibió en el año 99' un país transculturizado, sus principales avenidas y calles llevaban el nombre de algún prócer estadounidense e incluso de presidentes de Europa (Washington, Roosevelt, Churchill) hasta en los pueblos más remotos se veía ese fenómeno. A Bolívar se le rendía uno que otro homenaje el 24 de julio y el 17 de diciembre; algunos increíbles generales patriotas y grandes guerreras [heroínas] fueron abortadas de la historia (José F. Ribas, Monagas, Zamora, Negra Hipólita, Ana Campos, Juan Ramírez 'La Avanzadora', Teresa Heredia, Concepción Mariño, Cipriano Castro), y se exaltaron personajes como 'Cristóbal Colón' en todo el proceso educativo de la nación, haciendo que el pueblo celebrara una masacre de todas las civilizaciones que ya existían en América (muchos españoles hablan de desarrollo y humanización, pero ese es otro tema ["leyenda negra"]), lo que sí es cierto es el despojo de riquezas y la esclavitud a la cual fueron sometidos.

Chávez consiguió una industria petrolera privatizada, desde 1914 la producción de hidrocarburos líquidos era manejada por las grandes compañías de David Rockefeller, en donde sus sobornos a muchos políticos hacían las leyes más exquisitas y favorables a sus intereses capitalistas, estando los gobiernos de turno a las órdenes del imperio, y si alguno intentaba derogar tan favorables concesiones recibían inmediatamente un golpe de estado y en muchísimos casos la muerte.

Para tener una idea el impuesto por la explotación petrolera apenas alcanzaba el 3% (el resto se lo llevaban), y mientras tanto el pueblo se hundía en pobreza extrema, altos índices de analfabetismo, no había seguridad social, y casi toda la población huyó del campo a la ciudad [enfermedad holandesa], dejando los campos sin producción agrícola, a excepción de los grandes terratenientes y oligarcas provenientes de grandes caudillos que surgieron de la post guerra de independencia [Páez, Mendoza, Blanco], e incluso sus descendientes siguen siendo los más ricos del país.

Por cierto, lo más interesante que quiénes llamaron "tirano" a Hugo Chávez fueron ellos: <Los

más ricos>, lo llamaron "dictador" y Hugo ganó más de 13 elecciones democráticas en su país, lo llamaron asesino y Hugo levantó la voz contra la masacre de Irak, Libia, Siria y hasta envió una carta en el 2011 a las Naciones Unidas (ONU) para pedir Respeto de los DDHH a los centenares de Palestinos acribillados en Gaza [Palestina Ocupada]. Los errores más grandes de Hugo fueron: Tener piedad de quiénes atentaron contra su vida en el 2002 y colocar en cargos estratégicos a unos vulgares ladrones que algunos años después terminaron siendo peones de la CIA [traidores], y me atrevo a decir: con esa suma mil millonaria extraída del país por estos corruptos se pudiera construir otra Venezuela. ¡Hugo eres un invicto, jamás pudieron contra ti, y tu pueblo te aclama porque recuerda que fuiste tú quién les devolvió la dignidad como pueblo, y les enseñó que todas las riquezas deben ser distribuidas para todo el colectivo y no para una cúpula que gobernó durante 50 años! - Por eso la oligarquía te odiaron tanto, y siguen con ansías de regresar al poder. ¿Lo sabías? - sino debo preguntar: - ¿Quién te contó la historia?

«Fui un amigo leal de Hugo Chávez»
[Raúl Ojeda]

– Estimado lector gracias por acompañarme por estas páginas impregnadas de verdades, que jamás los medios de comunicación le dirán, porque ése no es su trabajo.

– El mío sí es decirlas.

Recuerde: «el mundo arde en llamas, niños son masacrados, mujeres violadas, hombres vilmente asesinados, bombas "humanitarias" son lanzadas con alta tecnología, pueblos son despojados de sus territorios que les ha pertenecido históricamente y en dónde el premio nobel de la "paz" se adjudica a un genocida»

Por ahora;

Raúl Ojeda

Abril, 2017

305